W. Heim/F. J. Gresch

# Ju-Jutsu 1

## Grundtechniken – Moderne Selbstverteidigung

Völlig überarbeitete Auflage



FALKEN

Weitere Techniken findet der interessierte Jujutsuka in den FALKEN Büchern:
„Ju-Jutsu 2. Für Fortgeschrittene und Meister“ (Nr. 485)
„Ju-Jutsu 3. Spezial-, Gegen- und Weiterführungstechniken, Stockkampfkunst“ (Nr. 378)

Unter Mitwirkung von
Adolf Klug (6. Dan Ju-Jutsu)
Erich Reinhardt (6. Dan Ju-Jutsu)

Unser Beitrag zum Umweltschutz:
Papier aus chlorfrei gebleichtem Zellstoff

ISBN 3 8068 0276 9


Umschlagfoto: pro Sale, Wiesbaden
Fotos S. 110–121: Isabella Wirth, Niedernhausen
Die Ratschläge in diesem Buch sind von den Autoren und vom Verlag sorgfältig erwogen und geprüft, dennoch kann eine Garantie nicht übernommen werden.
Eine Haftung der Autoren bzw. des Verlags und seiner Beauftragten für Personen-, Sach- und Vermögensschäden ist ausgeschlossen.
Lithographien: Paja-Klischee
Gesamtherstellung: Neuwieder Verlagsgesellschaft mbH, Neuwied

04027671X252 423 222 1

# Inhaltsverzeichnis

## Zum Geleit

Im Auftrag des Deutschen Judo-Bundes e. V. hat das Deutsche Dan-Kollegium e. V. in langjähriger Arbeit eine moderne Selbstverteidigung entwickelt – JU-JUTSU.
In einer neuartigen Systematik wurden optimale Selbstverteidigungstechniken aus dem Judo, Karate, Aikido und dem alten Jiu-Jitsu zusammengestellt.
Die vom Deutschen Dantag 1968 beschlossene Ausbildungs- und Prüfungsordnung gilt für alle Kyu- (Schüler-) und Dan- (Meister-) Prüfungen im Zuständigkeitsbereich des Deutschen Judo-Bundes.
Das vorliegende Buch (Band 1) behandelt den Stoff bis zum 3. Kyu-Grad. Es ist als Leitfaden für die Lehrkräfte und zur theoretischen Ergänzung eines praktischen Unterrichts im Verein oder der Schule sowie gleichermaßen für den Selbstunterricht des Laien gedacht.
Die Verfasser waren an der Entwicklung des Systems maßgeblich beteiligt und sind daher für eine Interpretation der Materie in erster Linie prädestiniert.
Möge das Buch im Deutschen Judo-Bund eine weite Verbreitung finden und viele neue Freunde der Selbstverteidigung in den und für die Vereine gewinnen.

Deutsches Dan-Kollegium e. V.

Präsident

## Anmerkung

Das Buch ist nach dem Stand des Ju-Jutsu-Prüfungsprogrammes der Bundesgruppe Ju-Jutsu im Deutschen Dan-Kollegium e.V. per Januar 1990 aktualisiert worden. Es enthält über die Programme des 3. Kyu-Grades hinaus noch weitere Techniken, die für spätere Prüfungen und für die realistische Selbstverteidigung im Ernstfall nützlich sind.
Bitte beachten Sie die Orientierungshilfe zu den Prüfungsprogrammen Seite 8.

# Vorwort der Verfasser

Ein Selbstverteidigungsbuch wie viele andere, oder etwas besonderes?
Diese Frage ist berechtigt, aber auch sofort eindeutig beantwortet: Das Beste aus Judo, Karate und Aikido für die Selbstverteidigung! Unter diesem Motto steht dieses Buch und gibt damit dem Laien Auskunft über seinen Inhalt.
Es ist das erste Buch, in welchem das neue System der Selbstverteidigung nach den Richtlinien des Deutschen Dan-Kollegiums e.V. (DDK) beschrieben wird. Das Buch hat zum Ziele, den Leser – Anfänger wie Fortgeschrittenen –

1. mit dem für die moderne Selbstverteidigung nutzbar gemachten Extrakt aus dem Judo, Karate und Aikido vertraut zu machen und ihn in einer universellen Selbstverteidigung zu schulen,

2. auf dieser Basis in einer Technik- und Konditionsschulung sportlich zu bilden und

3. auf Kyu-Prüfungen in der Selbstverteidigung vorzubereiten, die er mit den Kenntnissen dieses Buches jederzeit bis zum 3. Kyu-Grad (grüner Gürtel) in einem dem Deutschen Judo-Bund e.V. angeschlossenen Verein ablegen kann.

Wir – die Verfasser – sind Fachleute der Budosportarten, Spezialisten der Selbstverteidigung, Danträger in Judo und Ju-Jutsu sowie Inhaber weiterer Graduierungen in Karate und Aikido.
Der Leser darf sich getrost unserer erfahrenen Führung anvertrauen.
Jedoch: Ein Buch und ein noch so guter Lehrer können nur die Anleitung geben, trainieren muß der Leser selber. Vom Trainingsfleiß ist der Erfolg abhängig und – „vor den Erfolg haben die Götter den Schweiß gesetzt“. Doch die Mühe lohnt sich, denn durch die Beherrschung der Selbstverteidigung erhalten Sie Sicherheit und Selbstvertrauen, durch die damit verbundene sportliche Betätigung zusätzlich Gesundheit, Beweglichkeit und ein glücklicheres Lebensgefühl.
Eine alte Weisheit besagt: „Nichts ist beständiger als der Wandel“. So sind zwar in den letzten Jahren Techniken, Prinzipien und das System des Ju-Jutsu uneingeschränkt gültig geblieben und wurden durch die positiven Erfahrungen bestätigt und gefestigt. „Was gut ist, behält lange Bestand“, hat sich auch hier als richtig erwiesen.
Die Programme allerdings sind mit der Zuordnung der bekannten Techniken etwas verändert und den Erkenntnissen aus dem praktischen Unterricht in den Vereinen und Schulen angepaßt worden.

Aus diesem Grunde sind in dieser überarbeiteten und aktualisierten Auflage die neuen Ausbildungs- und Prüfungsprogramme des 5.–3. Kyu nach dem Stand vom 1. Januar 1987 sowie der gültige Angriffskatalog abgedruckt. Die Programme vom 2. Kyu-Grad bis zum 2. Dan-Grad finden Sie in unserem Band Ju-Jutsu 2 für Fortgeschrittene und Meister. Ju-Jutsu Band 3 komplettiert die Programme vom 3. bis zum 5. Dan-Grad mit den Gegen-, Weiterführungs- und Stocktechniken sowie der Abwehr mehrerer Angreifer.

*Orientierungshilfe:*
Ab Seite 153 ist die Reihenfolge der Techniken in den Ju-Jutsu-Prüfungsprogrammen mit den entsprechenden Seitenzahlen der drei Ju-Jutsu-Bände zum Nachschlagen vermerkt. Bitte beachten Sie diese Fundstellenhinweise als Wegweiser durch die drei Bücher.

Werner Heim, 6. Dan JJDDK
Franz Josef Gresch, 6. Dan JJDDK

Informationen über Ju-Jutsu erhalten Sie über folgende Adressen:

Deutscher Ju-Jutsu Verband
Falkenhusener Weg 39
23562 Lübeck

Deutscher Judo-Bund e.V.
Otto-Fleck-Schneise 12
60528 Frankfurt

# Was ist Ju-Jutsu?

## a) Selbstverteidigung nach den Budo-Prinzipien

Ein Kreis hat sich geschlossen: Angefangen hat es nach der Jahrhundertwende in Europa mit dem guten alten Jiu-Jitsu, der Kunst der waffenlosen Selbstverteidigung. Die darin enthaltenen Elemente wurden im Judo, Karate und Aikido fortentwickelt und spezialisiert. Für die umfassende Selbstverteidigung ist jede dieser einzelnen Disziplinen jedoch nur ein Teil des Ganzen geblieben. Das Vollkommene liegt in der rechten Zusammenfassung. Auch die Methoden des Angriffs sind vielfältiger, raffinierter und gefährlicher geworden. Es gilt, hier ein neues Selbstverteidigungs-System entgegenzusetzen, das sowohl den optimalen Gebrauch von Selbstverteidigungs-Techniken garantiert, als auch durch seine Methoden leicht erlernbar und einprägsam ist.
Im neuen Ju-Jutsu sind alle Erkenntnisse der oben genannten Budodisziplinen zu einer modernen und wirkungsvollen Selbstverteidigung zusammengeschlossen nach dem Grundsatz: „Aus der Praxis für die Praxis".

## b) Geschichtliche Entwicklung

Erst um die Jahrhundertwende wurde das Ju-Jutsu – insbesondere durch Matrosen eingeführt – auch in Europa als Jiu-Jitsu bekannt. Die Griffe und Schläge wurden im Laufe der Zeit mit Ringergriffen und Boxtechniken vermengt und als Selbstverteidigung propagiert. Es entstand sozusagen ein „europäisches Jiu-Jitsu", eine Art Verteidigung, bei der wenig vom „nachgebenden" oder „ausweichenden" Prinzip zu erkennen war.
In seiner Einführung zur deutschen Ausgabe des Buches „Das Kano-Jiu-Jitsu" schreibt Prof. E. Baelz: „Was den Ursprung von Jiu-Jitsu betrifft, so ist es ein Märchen, wenn gesagt wird, diese Kunst werde seit 2500 Jahren in Japan praktiziert. In Wahrheit ist dieselbe, wie fast alles in Japan, chinesischen Ursprungs." Es ist aber unbestreitbar ein Verdienst der Japaner, Jiu-Jitsu als Vorläufer des Judo populär gemacht zu haben. Das neue Ju-Jutsu beinhaltet mehr, als der Name alleine zu erkennen gibt. „Ju" (Jiu) bedeutet nachgeben oder ausweichen, „Jutsu" (Jitsu) Kunst oder Kunstgriff. Ju-Jutsu ist also die Kunst, durch Nachgeben bzw. Ausweichen mit der Kraft des Angreifers zu siegen. Dieses „ökonomische Prinzip", nämlich „mit geringstem Aufwand einen größtmöglichen Nutzen zu erzielen", gilt als der übergeordnete Begriff, unter den sich die Bewegungsprinzipien der Budodisziplinen subsumieren.

## c) Ju-Jutsu – das neue System

Das „Europäische Jiu-Jitsu" ist antiquiert. Es war also dringend an der Zeit, etwas Neues zu schaffen. Hierzu gab der Kodokan uns mit seiner Goshinjitsu-no-Kata ein Beispiel.
Das neue System geht nicht vom Angriff aus, sondern primär von den Selbstverteidigungstechniken, die aus Grundformen des Judo, Karate und Aikido ausgesucht wurden. Die Techniken sind in den einzelnen Ausbildungs- und Prüfungsprogrammen für Schüler- und Meistergrade nach Schwierigkeitsstufen geordnet. Jede Verteidigungstechnik ist gegen mehrere Angriffsarten anwendbar und beständig zu üben mit dem Ziele, die Bewegungsabläufe zu automatischen Reflexen (sog. Automatismen) im Unterbewußtsein zu entwickeln. In Kombinationen sind die Techniken alsdann sinnvoll zu verbinden und in der „freien Selbstverteidigung" gegen „freie Angriffe" zur echten Kunst der Selbstverteidigung zu perfektionieren. Bei dieser Methode wird bereits mit einer kleinen Auswahl von Verteidigungstechniken von Anfang an ein größtmöglicher Nutzeffekt durch variable Anwendung erzielt. Für den 5. Kyu-Grad – die unterste Anfängerstufe – sind es zum Beispiel nur 13 Grundtechniken. Das gesamte Programm beinhaltet für alle Grade ca. 160 Techniken. Durch vielseitige Anwendbarkeit gegen alle Arten von Angriffen ergeben sich weit mehr als 1000 Verteidigungsmöglichkeiten.

## d) Elemente und Prinzipien des Ju-Jutsu

„Harte" und „weiche" Mittel (Techniken) sind die Elemente im Ju-Jutsu; die Prinzipien dagegen zeigen bei den Bewegungsabläufen die „Wege" oder das „Wie" ihrer Anwendung. Die Techniken wurden aus den bekannten Budo-Disziplinen Judo, Karate und Aikido ausgewählt. Unter harten Techniken oder Mitteln sind in erster Linie alle Schläge, Stöße und Tritte, die erhebliche Verletzungen verursachen und sogar tödlich wirken können, zu verstehen. An zweiter Stelle folgen die Wurftechniken, die – in der Selbstverteidigung auf hartem Boden ausgeführt – ebenfalls zu schweren Körperschäden führen können.
Die Block-, Sperr-, Hebel- und Würgetechniken zählen in der Regel zu den weichen Mitteln. Sie ermöglichen es dem Verteidiger, den Angreifer abzuwehren bzw. ihn unter Kontrolle zu halten, ohne ihn ernsthaft verletzen zu müssen.
Sollen die Techniken nach ihrer Herkunft auch in der Selbstverteidigung voll wirksam werden, müssen ihre Prinzipien beachtet werden. „Wirksamkeit" heißt nicht Kraft oder Gewalt, sondern gute Technik nach den Budo-Prinzipien, die es auch dem Schwachen möglich machen, sich erfolgreich gegen einen oder mehrere stärkere Angreifer verteidigen zu können.

Die Prinzipien lauten

*für Judo:*

Nicht Kraft gegen Kraft setzen – nachgeben um zu siegen. Ziehen, wenn gestoßen wird – stoßen, wenn gezogen wird. Den Angreifer geschickt aus dem Gleichgewicht bringen und damit seine Kraft brechen, dann erst eine Technik mühelos anwenden. Daran denken, daß es im Ernstfall auf der Straße keine Gewichtsklassen gibt.

*für Aikido:*

Zentrifugal- und Zentripetal-Kräfte sind durch schwungvolle Kreis- und Drehbewegungen so nutzbar zu machen, daß der Angreifer in diese Drehbewegungen hineingezogen wird, sein Gleichgewicht und seinen Mittelpunkt verliert, dadurch schwach und hilflos wird und mit einer Hebel- oder Wurftechnik besiegt werden kann. Nicht Kraft, sondern Bewegung bringt den Effekt.

*für Karate:*

Schläge, Tritte und Stöße sind ohne Einsatz von Kraft und Dynamik nicht entscheidend wirksam. Darum ist konzentrierte Kraft mit größtmöglicher Beschleunigung und absoluter Körperspannung in einem kurzen Moment an irgendeinem Punkt des Gegners (kleinstmögliche Fläche) zur Abwehr oder Angriff so einzusetzen, daß eine hochwirksame Schockwirkung erzielt wird.
Auch diese „harten Mittel“ verbinden sich sinnvoll mit dem „ökonomischen Prinzip“, wenn man grundsätzlich zuerst einen Angreifer „leerlaufen“ läßt bzw. seine angreifende Kraft in eine andere Richtung ableitet.

## e) Ausbildungs- und Prüfungsordnung des Deutschen Dan-Kollegiums

Im Auftrag des Deutschen Judo-Bundes e. V. hat das Deutsche Dan-Kollegium e. V. Ju-Jutsu als neue Selbstverteidigung entwickelt. In der gültigen Prüfungsordnung für Kyu- und Dan-Grade ist der Unterrichts- und Prüfungsstoff für die Schülergrade (5.–1. Kyu-Grad) und Meistergrade (1.–5. Dangrad) festgelegt.
Nach dem Ausbildungsprogramm soll der Schüler von Anfang an jede Verteidigungstechnik gegen alle möglichen Angriffsarten üben. In dieser vielseitigen Anwendung jeder Einzeltechnik liegt der Schwerpunkt des neuen Systems.
Bei der Prüfung sind mit jeder Technik nur einige wenige Angriffe abzuwehren, so daß zu erkennen ist, daß der Prüfling das Fundamentale der Technik beherrscht.
Wer sich jedoch bei seinem Üben nur auf dieses Pflichtprogramm beschränkt, verfehlt den Nutzeffekt des neuen Systems, das allerdings einige Anforderungen an den Fleiß des Schülers stellt.

# Bewegungslehre

## Verteidigungsstellungen und Kampfstellungen

Die *neutrale Kampfstellung* ist eine linke oder rechte schräge Körperstellung zum Angreifer. Das Körpergewicht ist gleichmäßig auf den Füßen verteilt. Die Arme werden leicht vor dem Körper angehoben (Foto 1–2).

(1)

(2)

Aus dieser lockeren, aufrechten, stabilen Stellung kann man sowohl schnell angreifen als auch leicht verteidigen.

*I Verteidigungsstellung*
*(Fotos 3–4)*

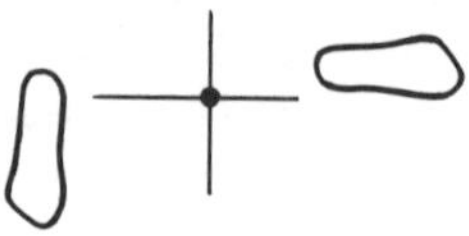

Stehen Sie dem Gegner gegenüber, so richten Sie Ihren Blick nicht auf einen Körperteil, sondern umfassen Sie mit Ihren Augen seinen ganzen Körper. So werden Sie jede Angriffsbewegung sofort erkennen und hierauf schnell reagieren können.

Da im Ju-Jutsu eine Reihe von Karate-Techniken als Schlag, Stoß oder Tritt vorkommen, sind bei den jeweiligen Aktionen zweckmäßigerweise auch die tieferen Aktions- bzw. Verteidigungsstellungen mit entsprechender Körpervor- bzw. -rücklage einzunehmen. Hierauf wird bei den entsprechenden Techniken im Text bzw. in den Fotos hingewiesen.

Die drei wichtigsten Stellungen merken wir uns wie folgt:

(3)

(4)

Verteidigungsstellung (Fotos 3–4). 70 % des Körpergewichtes liegt auf dem hinteren, 30 % auf dem vorderen Bein. Der Oberkörper wird schräg zum Angreifer gehalten (Zeichnung I).

Aktionsstellung (Fotos 5–6). 60 % des Körpergewichtes liegen auf dem vorderen Bein, 40 % Belastung auf dem hinteren Bein. Der Körper wird aufrecht gehalten und steht frontal zum Gegner (Zeichnung I).

(5)

(6)

(7)

Seitliche neutrale Kampfstellung (Foto 7). Doppelte Schulterbreite, der Oberkörper wird abgesenkt und genau im Mittelpunkt in der Balance gehalten.

## Bewegungslehre im Stand

Angriff und Verteidigung verlangen im Ju Jutsu eine schnelle und sichere Beweglichkeit nach allen Seiten. Der Körper bleibt stets aufrecht und folgt den Bewegungen der Füße, Gleichgewicht und festen Mittelpunkt bewahrend. Die Füße werden nicht angehoben wie beim normalen Gehen, sondern leicht am Boden entlanggeführt. Die Knie werden locker gehalten. Die Bewegungen wechseln zwischen Spannung und Entspannung.
Auf die einzelnen Bewegungsformen muß an dieser Stelle eingegangen werden, damit sich die Erklärungen später nicht fortwährend wiederholen.

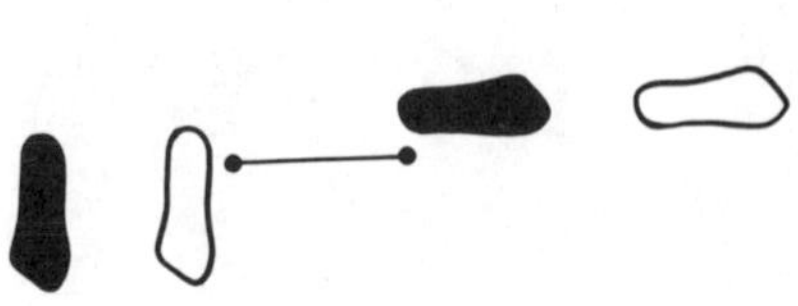

II *Gleiten vorwärts und rückwärts*

IV *Gleiten seitwärts*

## Bewegungsformen zum Annähern oder Entfernen vom Gegner

*Gleiten.* Ein Fuß gleitet dem anderen bis auf kurze Distanz nach. Der Körper bleibt immer in seiner korrekten Verteidigungsstellung. Wir gleiten auf diese Weise vorwärts, rückwärts (Fotos 8–10 / Zeichnung II) und seitwärts (Fotos 17–19 / Zeichnung IV). Langsame Annäherung bzw. Entfernung vom Gegner.

)

(9)

(10)

7)

(18)

(19)

(11)

(12)

(13)

*Auslagewechsel.* Beim Auslagewechsel vorwärts wird der vordere Fuß zum Drehpunkt, um dadurch mit der Vorwärtsbewegung z. B. von der rechten in die linke Verteidigungsstellung zu kommen. Beim Auslagewechsel rückwärts verläuft die Bewegung umgekehrt. Schnelle Annäherung bzw. Entfernung vom Gegner! (Fotos 11–13 / Zeichnung Nr. III).

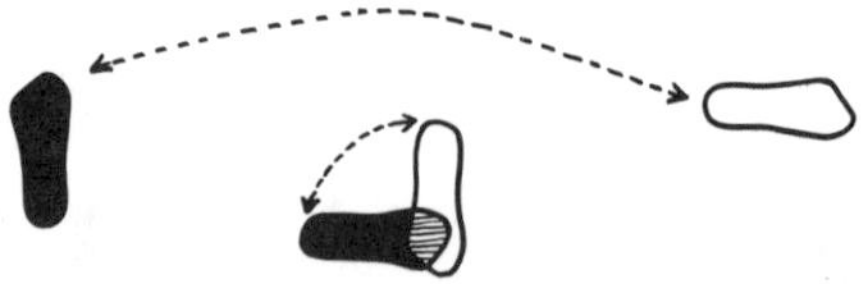

III *Auslagewechsel*

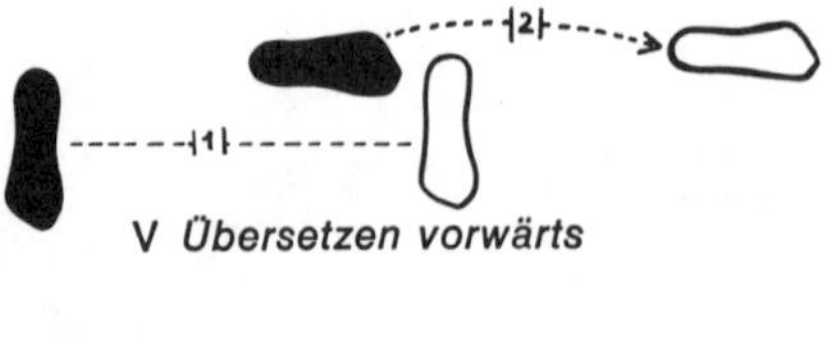


V *Übersetzen vorwärts*

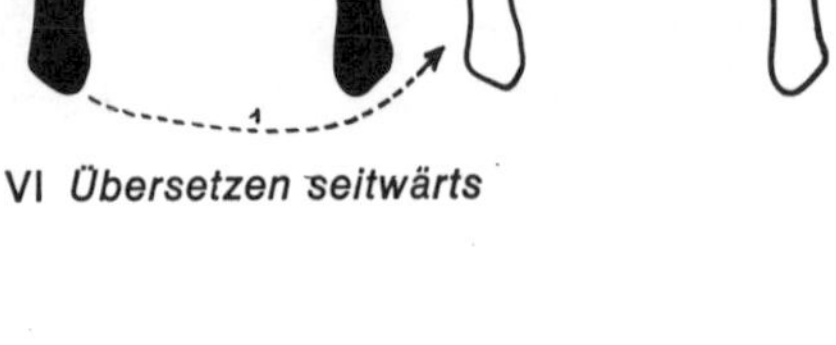


VI *Übersetzen seitwärts*

# Übersetzen

a) Nach vorne
Der hintere Fuß folgt dem anderen nach und setzt vor diesem auf (Fotos 14–16 / Zeichnung Nr. V).

(14)

(15)

(16)

b) Seitwärts
Aus der seitlichen Verteidigungsstellung wird zur seitlichen Fortbewegung ein Fuß übergesetzt (Fotos 20–22 / Zeichnung Nr. VI).

(20)

(21)

(22)

## Bewegungsformen zum Ausweichen nach außen und innen

### Körper abdrehen

Aus der linken oder rechten Verteidigungsstellung schnell um 90 Grad auf der Stelle nach rechts oder links in die seitliche Verteidigungsstellung drehen. Beispiel: Handfegen gegen geraden Fauststoß (Fotos 23–24).

(23)

(24)

## Schrittdrehung

Diese Bewegung ist auszuführen gerade nach vorne oder nach vorne seitlich (halbschräg).

Aus der rechten Verteidigungsstellung z. B. drehen wir links herum auf dem vorderen Fußballen um 90 Grad und stehen wieder in einer rechten Verteidigungsstellung. Beispiel: Abwehr eines Messerstiches von unten (Fotos 25–26 / Zeichnung Nr. VII), oder eines Stockschlages von oben (Fotos 30–31).

25)

(26)

30)

(31)

## Doppelschrittdrehung

Mit dieser Bewegung wird nach vorne oder schräg seitlich mit einer Körperdrehung um 180 Grad aus der rechten in die linke Verteidigungsstellung oder umgekehrt gedreht. Beispiel: Abwehr eines Stockschlages von oben (Fotos 27–29 / Zeichnung VIII).

(27)

(28)

(29)

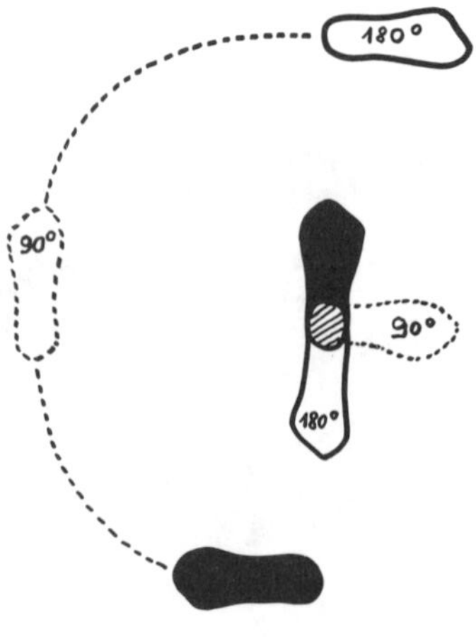


VII *Schrittdrehung*

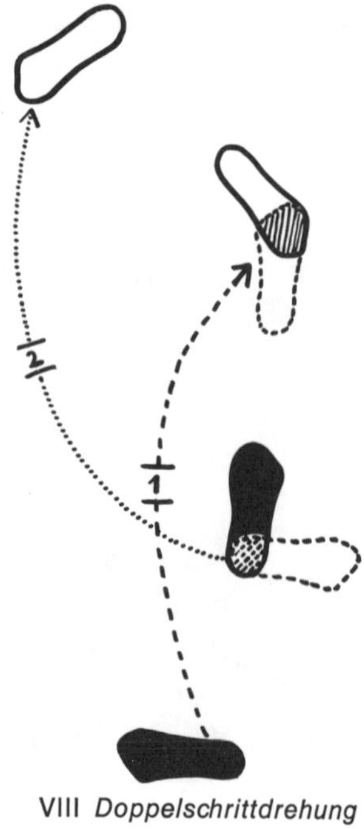


VIII *Doppelschrittdrehung*

## Wenden, Ausweichen und Ausfallschritte nach allen Seiten

Insbesondere bei Angriffen mehrerer Gegner von verschiedenen Seiten muß man sich schnell und rationell den Angreifern zuwenden können: In Verbindung mit einem Ausfallschritt aus dem unmittelbaren Gefahrenbereich ausweichen und aus der günstigen Standposition sofort den Angriff starten!
Ausgangsstellung: Linke Verteidigungsstellung (Fotos 1–4 / Zeichnung I).
Kehrtwendung: Wenden um 180 Grad. Beide Füße drehen auf der Stelle (Zeichnung IX A).
Linkswendung: Aus der rechten Verteidigungsstellung wenden um 90 Grad nach links. Nur der linke Fuß verändert seinen Standort (Zeichnung IX B).
Rechtswendung: Aus der linken Verteidigungsstellung wenden um 90 Grad nach rechts. Nur der rechte Fuß verändert seinen Standort (Zeichnung IX C).
Rechtswendung: Aus der rechten Verteidigungsstellung wenden um 90 Grad nach rechts. Der linke Fuß wird zum Drehpunkt auf der Stelle, der rechte Fuß verändert seinen Standort (Zeichnung IX D).

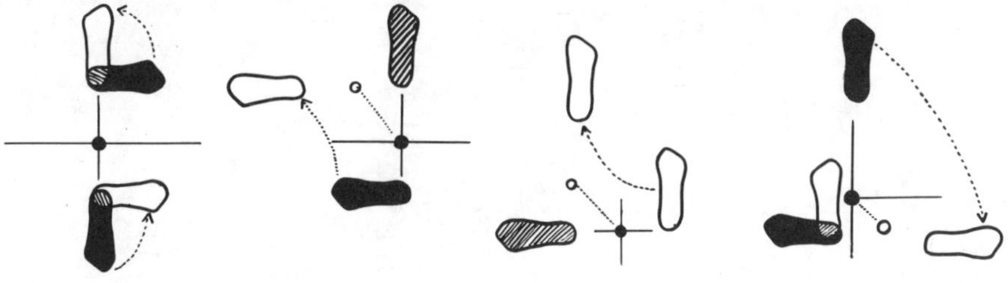

IX A IX B IX C IX D

## Bewegungslehre im Boden

Die erfolgreiche Selbstverteidigung im Boden setzt gute Beweglichkeit und zweckmäßiges Verhalten voraus. Zu unterscheiden ist:
Verteidigung aus der Bodenlage gegen einen im Stehen angreifenden Gegner oder Verteidigung in der Bodenlage (Bodenkampf).
Als wichtige Grundregel gilt: In jedem Falle immer versuchen, den aus dem Stand angreifenden Gegner durch geschicktes Körperdrehen mit den Beinen auf Distanz zu halten und hieraus die Verteidigungstechniken anzuwenden; im Bodenkampf gilt zunächst das gleiche. Der Gegner ist immer wieder mit den – meist angezogenen – Beinen vom Körper wegzudrücken, damit genügend Bewegungsraum für den Ansatz von wirksamen Techniken entsteht. Für die Beweglichkeit im Bodenkampf ist der geschickte Einsatz der Hüfte entscheidend.

## Verteidigungsstellungen

Auch im Boden kennen wir zweckmäßige Verteidigungsstellungen, die es uns ermöglichen, Angriffe abzuwehren bzw. aus günstiger Position selbst anzugreifen.

Der Verteidiger liegt auf der rechten oder linken Körperseite mit den Beinen immer zum Gegner. Ein Bein ist stark an den Körper angezogen, um ihn gegen Tritte zu decken (Fotos 32–33). Dieses Bein „lauert" in „Schußposition" auf eine günstige Gelegenheit, den Angreifer mit einem Fußstoß zu treffen oder mit einer Beinhebeltechnik anzugreifen (Fotos 34–35).

(32)

(33)

(34)

(35)

Bei Standortveränderungen des Angreifers dreht sich der Verteidiger entsprechend von der rechten in die linke Verteidigungsstellung bzw. im Kreise (Auslagewechsel) und bleibt immer bemüht, zwischen sich und den Angreifer seine Beine zu bringen. Notwendige Distanzen (Annäherung oder Entfernung zum Gegner) werden durch Gleiten rückwärts in der seitlichen Verteidigungsstellung mit und ohne Auslagewechsel erreicht. Bei einem plötzlichen Frontalangriff hat sich auch das seitliche Ausweichen durch Körperabrollen bewährt (Fotos 36–38).

36)

(37)

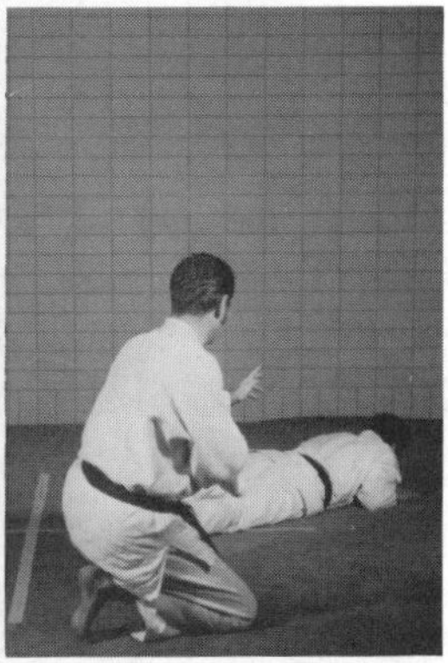

(38)

## Vom Boden zum Stand

Solange der Gegner aus dem Stand angreift, ist es bei geschickter Verteidigung – zum Beispiel durch plötzlichen, schmerzhaften Fußstoß gegen das

39)

(40)

(41)

Schienbein des Gegners – möglich, eine Unaufmerksamkeit auszunutzen, um sich aus der Bodenlage zu erheben. Das geschieht mit entsprechender Vorsicht in einer Weise, die während des Überganges vom Boden zum Stand eine volle Verteidigungsbereitschaft (Eigensicherung) gewährleistet. Der Gegner ist keinen Moment aus den Augen zu lassen (Fotos a) 39–41, b) 42–46).

(42)

(43)

(44)

(45)

(46)

*Kleiner Eingangswurf*

# Fallschule

Fallen ist keine Schande, aber Liegenbleiben! –
Das *Fallen* erfreut sich beim Anfänger keiner großen Beliebtheit, denn es erfordert Selbstüberwindung. Seit Kindheit sind wir gewöhnt, uns beim Fallen mit den Händen abzustützen. Gerade das ist falsch; Gelenkbrüche an den Armen und den Schultern sind die schmerzlichen Folgen.

Wir müssen uns umgewöhnen; die Mühe lohnt sich. Warum?

1. Das richtige Fallen nach allen Seiten ist bereits eine eigene Form der Selbstverteidigung. Wenn Sie gestoßen werden, stolpern, ausrutschen usw. ist das richtige Fallen eine Kunst, die Sie vor Verletzungen bewahrt. Was nützen Ihnen alle Selbstverteidigungsangriffe, wenn Sie schon beim ersten Sturz kampfunfähig liegenbleiben.
2. Wer nicht fallen kann, kann nicht geworfen werden. Wie wollen Sie mit einem Partner die in der Selbstverteidigung vorkommenden Würfe üben, wenn Sie das richtige Fallen nicht beherrschen; der andere will ja auch einmal werfen. Und wie wenig Freude wird Ihnen das Üben der Würfe machen, wenn Sie wegen ungenügender Falltechnik bei jedem Wurf einen Schmerz verspüren.
3. Nicht zuletzt sind die Fallübungen auch sportliche Übungen, die Ihnen einen physischen und psychischen Nutzeffekt bringen. Wer geschickt fällt und aufsteht, ist körperlich beweglicher und sicherer geworden, hat durch seine Selbstüberwindung mehr Selbstvertrauen gewonnen.

Das *Prinzip aller Fallübungen* heißt, den Sturz für den menschlichen Körper dadurch erträglicher zu machen, daß man die Wucht des Falles auf den ganzen Körper verteilt. Wenn ein Körper zu Boden fällt, so wirkt entlang seines Fallweges die Schwerkraft. Die Wucht des Falles im Verhältnis zur Aufschlagfläche ergibt die Stärke der Körperdeformation. Je kleiner die Fläche, je größer die Deformation.

Das folgende Beispiel soll das verdeutlichen:
Läßt man einen großen Würfel aus Pappkarton aus größerer Höhe auf eine seiner Ecken fallen, so wird diese durch die im Moment des Aufschlagens wirkende kinetische Energie bestimmt deformiert. Fällt der Würfel dagegen auf seine ganze Fläche, wird keine Verformung eintreten. Das „Verteilen" des Falles geschieht bei den Fallübungen unterschiedlich. Lassen Sie uns daher jetzt mit einem wichtigen Kapitel praktisch beginnen.

## Fallübungen seitwärts mit Liegenbleiben (Sturz seitwärts)

Die Wucht (Schwerkraft) des fallenden Körpers verteilen wir auf eine große Körperfläche, nämlich auf die ganze Körperseite. Einen Teil der Schwerkraft machen wir durch eine Gegenkraft unwirksam: Im Moment des Aufschlagens auf der Matte erzeugen wir mit einem federnden Armschlag eine Kraft in umgekehrter Richtung. Damit mildern wir die Wucht des Aufschlagens um etwa 40 bis 50 %. Beim Aufschlagen des Körpers ist unbedingt kräftig auszuatmen, damit beugen wir Luftpressungen vor, die bei einem ängstlich angehaltenen Atem zu schmerzhaften Verkrampfungen führen (Fotos 47–49). Aus der Hocke für Anfänger, aus dem Stand für Fortgeschrittene.

(47)

(48)

(49)

## Fallübung rückwärts mit Liegenbleiben (Sturz rückwärts)

Nach dem gleichen Prinzip verteilen wir den Sturz rückwärts auf eine große Körperfläche, den gesamten Rücken. Mit einem Schlag beider Unterarme auf die Matte erzeugen wir die erforderliche Gegenkraft. Das Kinn ist auf die Brust zu ziehen, damit der Kopf nicht hart aufschlägt (Fotos 50–51). Anfänger üben diese Fallübung zuerst aus der Hocke.

(50) (51)

## Fallübung vorwärts mit Liegenbleiben (Sturz vorwärts)

Vorwärts fangen wir den Fall federnd mit den Unterarmen ab. Vorsicht, nicht mit den Handgelenken abstützen und nicht mit dem Ellenbogen aufschlagen. Der übrige Körper ist gestrafft zu halten und berührt den Boden nicht (Fotos 52–53). Anfänger üben diese Fallübung zuerst aus dem Knien.

(52) (53)

## Fallen rückwärts mit Abrollen (Rolle rückwärts)

Soweit wie möglich wollen wir die Wucht eines Falles durch Abrollen des Körpers verteilen. Dies ist die eleganteste und ungefährlichste Art des Fallens.

Setzen Sie einen Fuß zurück und rollen Sie über diesen weich und rund rückwärts über die Schulter ab. Die Hände berühren den Boden höchstens leicht zur seitlichen Stabilisierung des rollenden Körpers. Nicht hart aufschlagen, um Verletzungen zu vermeiden. Wenn Sie mit diesem Rollen etwas Übung haben, versuchen Sie es auf hartem Boden.

(54)

(55)

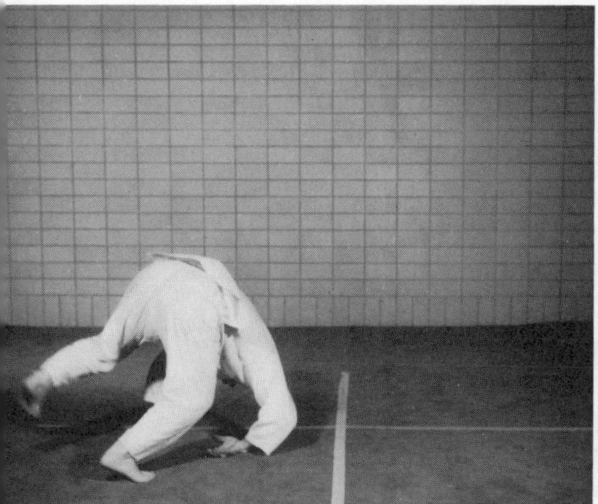

(56)

(57)

Nach dem Abrollen stehen Sie wieder aufrecht in einer rechten oder linken Verteidigungsstellung. Das ist nicht ganz einfach und muß oft wie folgt geübt werden:
Haben Sie zum Beispiel den linken Fuß zurückgestellt, rollen Sie schwungvoll über die rechte Schulter ab, setzen mit den Zehen des rechten Fußes auf, während das linke Bein weiter nach vorne durchzieht und mit dem ganzen Fuß auf der Matte aufsetzt. Sie stehen zum Abschluß der Rolle in der linken Verteidigungsstellung (Fotos 54–57).

## Fallen vorwärts mit Abrollen (Rolle vorwärts)

Diese Fallübung ist wohl die schwierigste, darum haben wir sie an den Schluß gestellt. Sie erfordert vom Anfänger Geschick, Mut und Beweglichkeit. Wer die vorausgegangenen Fallübungen beherrscht, wird nun auch mit dem Vorwärtsrollen besser zurecht kommen.
Merken Sie sich noch einmal: Der Körper rollt rund, weich, locker, entkrampft, bildlich gesprochen wie ein Ball. Das Fallen ist bereits eine Selbstverteidigungstechnik, die Sie vor Verletzungen im Ernstfall bewahren soll. Der Anfänger kann zuerst aus der Hocke, dann aus dem Stand üben.
Der Körper rollt vorwärts über einen Arm, Schulter, quer über den Rücken auf die andere Körperseite. Der abrollende Körper muß wieder mühelos in die Senkrechte kommen und um 180° gedreht in einer sicheren Verteidigungsstellung stehen.
Zu beachten ist: Beim Abrollen ist auszuatmen, der Kopf und die Schulterspitze dürfen die Matte nicht berühren (Fotos 58–61).

(58)

(59)

(60)

(61)

## Übungshinweise:

Die Fallübungen sind ein wichtiger Bestandteil der Grundschule. Sie müssen gewissenhaft geübt werden und sollten bei jeder Übungsstunde am Anfang stehen. Sie müssen rechts und links gleichermaßen gut fallen können. Ihre Falltechnik ist erst dann genügend, wenn Sie bei einem plötzlichen Sturz oder Wurf „automatisch" reagieren und richtig fallen. Automatische Reflexe werden nur durch fortwährendes Üben mit der Zeit erreicht. Die ganze Selbstverteidigung ist von solchen automatischen Reflexen im Ernstfall abhängig. Nicht mehr bewußt denken und handeln, sondern unbewußt richtig reagieren. Dieses Ziel läßt sich nur durch Übung erreichen. Mit den Fallübungen haben Sie den Anfang gemacht.

*Handkantenblock gegen Fußtritt*

# Techniken des 5. - 3. Kyu-Grades

## Einführung:

Die Reihenfolge der Grundtechniken hat einen guten Grund: Wir erlernen zuerst Block- und Sperrtechniken, dann Schläge, Stiche und Stöße (Atemi) und lassen danach erst Lösegriffe, Hebel und Würfe folgen.

In den „Erläuterungen" zu der Ausbildungs- und Prüfungsordnung des DDK ist festgelegt:

„Da im Ernstfall ein Angreifer kraftvoll zuschlägt oder zufaßt, ist diesem Umstand übungsmäßig grundsätzlich dadurch zu entsprechen, daß

a) Schlägen, Stößen oder Tritten entweder auszuweichen ist oder diese abzublocken sind, bevor eine Gegentechnik (Hebel, Atemi, Wurf) angewandt wird,

b) bei Umklammerungen zuerst der Krafteinsatz durch die Schockwirkung eines Atemi gebrochen wird, damit die nachfolgende Abwehr weitgehend mühelos gelingen kann."

Für den systematischen Lehraufbau werden die Grundtechniken schulmäßig erklärt und geübt. Alsdann folgt der Hinweis auf weitere Übungsbeispiele. Diese Angriffsarten sollen Sie dazu anhalten, die Verteidigungstechnik vielseitig bis zur absoluten Griffsicherheit zu üben.

# Fallschule und Bewegungslehre

Das Grundsätzliche wurde in den vorausgegangenen Kapiteln behandelt. Zur Einführung dient das nachfolgende Bewegungsspiel, das die Fallübungen mit dem Ausweichen nach außen und innen verbindet.

(62)

(63)

(64)

(65)

(66)

1. Verteidigungsstellungen
   a) Ausweichen nach außen (Fotos 62–66).
   Der Verteidiger (V) wird vorwärts gestoßen und rollt weich und rund links vorwärts ab. Beim Hochkommen dreht er sich um 180 Grad und steht in einer korrekten rechten Verteidigungsstellung. Er sieht dem Angreifer (A) entgegen und kann dem nachfolgenden Schlag von oben ausweichen.
   V leitet den Schlag ab, begibt sich mit einer Doppelschrittdrehung außen an A vorbei aus dem Gefahrenbereich und steht in der Endphase ebenfalls wieder in einer sicheren Verteidigungsstellung.
   b) Ausweichen nach innen (Fotos 67–69).
   Rolle vorwärts. Der Verteidiger kommt mit der Drehung um 180 Grad in der linken Verteidigungsstellung hoch und weicht dem Schlagangriff

(67)

(68)

(69)

nach innen aus. Dazu leitet er mit seiner linken Hand den Schlag ab, „schockt“ mit einem rechten Handballenstoß den A im Gesicht und begibt sich mit einer Doppelschrittdrehung aus dem Gefahrenbereich in eine rechte Verteidigungsstellung.

„Schocken“ heißt in diesem Zusammenhang, den Angreifer mit einer Schlag-, Stoß- oder Tritt-Technik (Atemi) so zu irritieren, daß sein Krafteinsatz gebrochen wird und der Eingang in eine nachfolgende Technik mühelos gelingt.

2. Rolle rückwärts, Ausweichen nach außen oder innen (Fotos 70–73).
   Wird der V durch einen Stoß rückwärts zum Fallen gebracht, rollt er über

(70)

(71)

(72)

(73)

das rechts oder links zurückgestellte Bein weich ab und kommt in einer linken oder rechten Verteidigungsstellung wieder hoch. Gegen den nachfolgenden Schlagangriff ist ebenfalls das Ausweichen nach außen und innen zu üben, wie bei der Rolle vorwärts.

Mit diesen Vorübungen sollte jeder Trainingsabend eingeleitet werden. Sie vermitteln bei intensivem Üben schon in kurzer Zeit gute Beweglichkeit, Körperbeherrschung und Körperkontrolle, sicheren Stand und Haltung sowie schnelle Reaktion. Die Bewegungsübungen können Sie mit den nachfolgenden Verteidigungstechniken wahlweise gegen verschiedene Angriffsarten variieren.

## Grundtechniken

Mit einer *Blocktechnik* sind drei verschiedene Effekte zu erzielen:

1. Abwehr eines Angriffes mit soviel Härte, daß hiermit gleichzeitig schon der Gegenangriff erzielt wird. Der Block ist möglichst auf empfindliche Körperstellen, wie z. B. Gelenke, zu placieren.

2. Abwehr eines Angriffes als Einleitung zu einer nachfolgenden Technik. Der Block stoppt den Angriff.

3. Abwehr des Angriffes in der Form, den Angreifer aus dem Gleichgewicht bzw. der Angriffsrichtung zu bringen.

Bei der ersten Art der Ausführung hat die Blocktechnik eine „vernichtende" Wirkung.

Die beiden anderen Arten sind gemäßigtere Ausführungen mit weniger Kraft, Härte und Rasanz, wobei der Verteidiger selbst immer etwas ausweicht, sich aus der Angriffsrichtung entfernt oder einen Teil der Angriffswucht leerlaufen läßt.

## Wichtige Hinweise:

Die Fäuste sind fest geschlossen, der Unterarm schlägt kraftvoll zu, der Körper dreht in der Hüfte mit, im Moment des Auftreffens ist der ganze Körper gespannt, auf sicheren Stand und richtige Distanz zum Angreifer ist zu achten.

(74)

(75)

*Unterarmblock nach oben* (Foto 74) gegen Stockschlag von oben mit eine Hand. Ausweichen nach außen, Block von unten gegen den Schlagarm. Auch ein nach federnder Schlagfederstock darf den Kopf nicht treffen; daher immer ausweichen.

*Unterarmblock nach oben* (Foto 75) gegen Fauststoß zum Gesicht. Ausweichen nach innen, Block von unten gegen den Schlagarm.

Üben Sie diese Technik weiter gegen:

Stockschlag von oben beidhändig
Messerstich von oben

*Unterarmblock nach innen* (Fotos 76–77) gegen Fauststoß zum Magen. Ausweichen nach außen oder innen (Wechsel von der linken oder rechten Verteidigungsstellung in die seitliche Verteidigungsstellung), Block nach innen im Bogen gegen den stoßenden Arm schlagen.

Üben Sie diese Technik weiter gegen:

Handfassen
Diagonales Handgelenkfassen
Würge v. vorne, eine Hand u. Schl.
Würge v. vorne mit beid. Händen
Rückhandschlag
Schwinger
Stockschlag von innen und außen
Messerstich von innen und außen

*Unterarmblock nach außen (Fotos 78–79) gegen Ohrfeige. Leichtes Ausweichen rückwärts, Block nach außen gegen den Schlagarm.*

Üben Sie diese Technik weiter gegen: Gerader Fauststoß, Stockschlag von außen, Schwinger, Schlägerangriff

*Unterarmblock nach unten, außen (Fotos 80–82) gegen Fußtritte von vorne. Ausweichen nach außen, Unterarmblock. Ausweichen nach innen (gefährliche Zone!). Nach dem Block sofort mit Handballenstoß kontern.*

*U n t e r a r m b l o c k  n a c h  u n t e n ,  a u ß e n (Fotos 83–85) gegen Florettstich*
*Ausweichen nach innen, Block und sofort mit Fingerstich kontern.*
*Das Ausweichen nach außen mit anschließendem Block – wie oben beim Fußtritt – ist ebenfalls möglich.*

Üben Sie diese Technik weiter gegen:

Fußtritt von der Seite
Stockstich

Messerstich von unten
Messerstich von außen

Messerstich von innen
unterhalb der Gürtellinie

(83)

(84)

(85)

## *S c h l a g -  u n d  S t o ß t e c h n i k e n*

H a n d s t i c h e werden mit der sogenannten Speerhand (Foto 86) ausgeführt. Hand und Unterarm bilden eine gerade Linie.

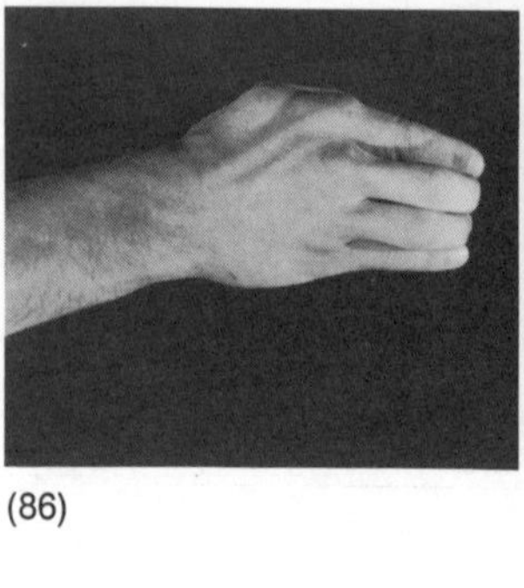
(86)

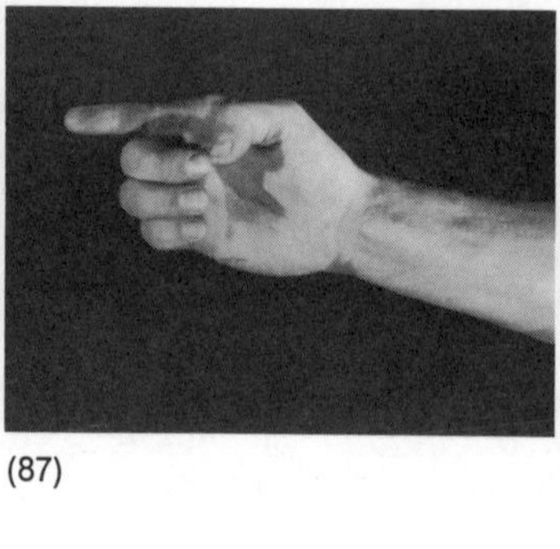
(87)

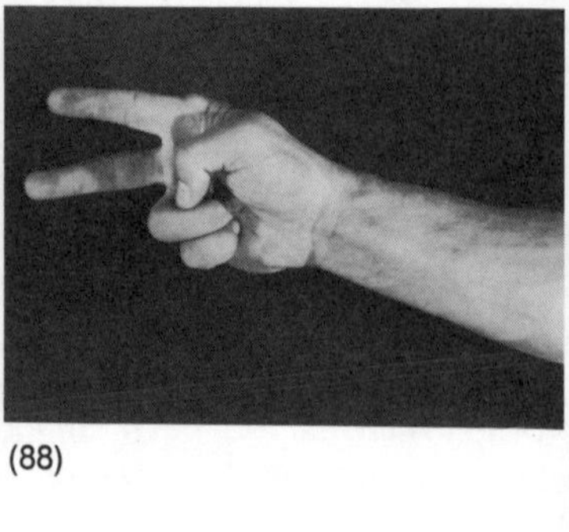
(88)

Bei den *Fingerstichen* unterscheiden wir den Einfingerstich (Foto 87) und den Zweifingerstich (Foto 88). Finger, Hand und Arm sind bei der Ausführung der Stoßtechnik kraftvoll zu spannen. Empfindliche Körperstellen für diese Stoßtechniken sind unter anderem: Augen, Kehlkopf, Sinusknoten, die Ohrengruben, Solarplexus, die Leber, Milz und Genitalien. Die Stöße werden schnell und federnd ausgeführt.

*Hand- und Fingerstiche (Fotos 89–91) gegen Würge von hinten mit dem Unterarm. Handspitze in die Genitalien stoßen, Zwei-Fingerstich in die Augen.*

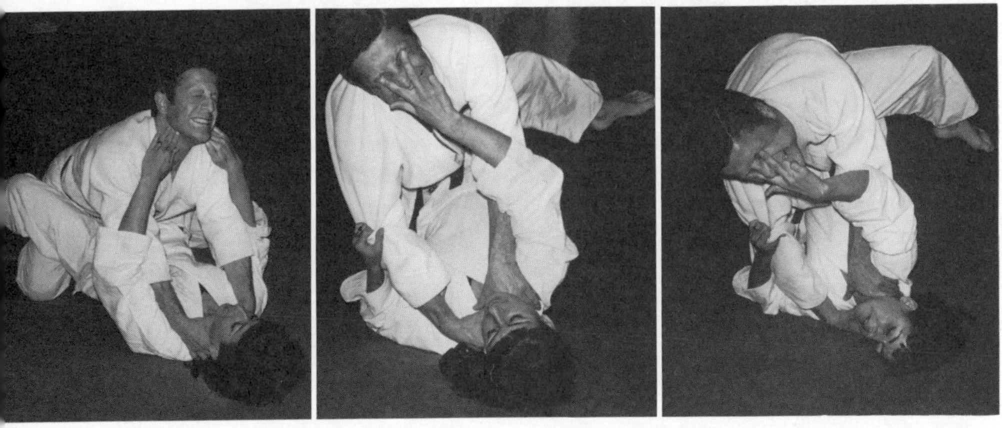

*Hand- und Fingerstiche (Fotos 92–94) gegen Würge im Boden, Gegner im Reitsitz. Beide Handspitzen beidseitig gegen die Sinusknoten stoßen, Zweifingerstich in die Augen und mit dem Angreifer seitlich abrollen.*

Üben Sie diese Techniken weiter gegen:

Körperumkl. v. vorn unt. d. Arm.
Körperumkl. v. vorn üb. d. Arm.
Körperumkl. v. hint. u. d. Armen
Körperumkl. v. hint. üb. d. Arm.
Schwitzkasten von vorn
Schwitzkasten von der Seite
Würge v. vorn, eine Hand u. Schl.

Würge v. vorn mit beiden Händen
Würge v. hinten m. beiden Händ.
Würge Gegner zw. d. Bein., Bod.
Würge Gegner seitlich, Boden
Würge Gegner v. hinten, Boden
Stockschlag von oben, eine Hand
Stockschlag von außen
Stockstich

Messerstich von oben
Messerstich von unten
Messerstich von außen
Messerstich von innen
Florettstich
Pistolenangriff von vorn, nah
Pistolenangriff von hinten, nah

*Der Handrückenschlag* erfolgt mit dem gespannten Handrücken (Foto 95). Hand und Arm sind wie die Breitseite eines Schwertes zu führen. Der Schlag erfolgt federnd aus dem Ellenbogengelenk und ist wirksam gegen Gesicht, Leber oder Solarplexus zu richten.

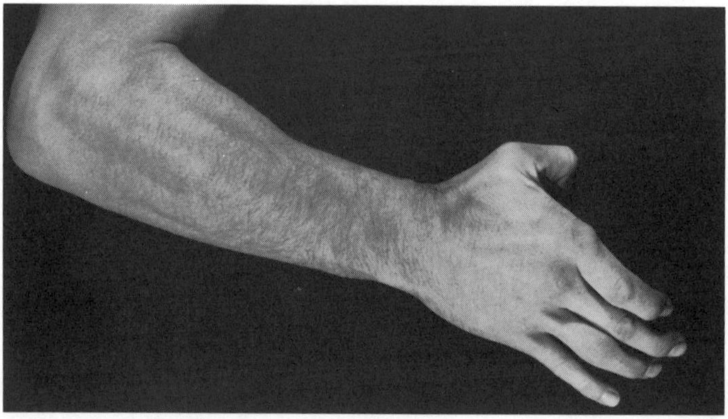

(95)

Unter *Grifflösen* ist die Befreiung aus einer Umklammerung des Handgelenks oder des Halses zu verstehen, die nur durch eine geschickte Körperdrehung ohne Anwendung einer Hebel-, Wurf- oder sonstigen Technik zustande kommt. Nach dem Grifflösen stehen wir immer in einer entsprechenden Verteidigungsstellung als Ausgangspunkt für jede beliebige Gegentechnik.

Üben Sie Handrückenschlag und Grifflösen auch gegen:

Handfassen
Würge v. vorn, eine Hand u. Schl.

Würge von vorn, beide Hände
Würge v. der Seite, beide Hände

Würge v. hinten, beide Hände

*Handrückenschlag* in Verbindung mit Grifflösen (Fotos 96–99) gegen Handgelenk gegenüber gefaßt

*Handrückenschlag* in Verbindung mit Grifflösen (Fotos 100–103) gegen Handgelenk diagonal gefaßt

*H a n d r ü c k e n s c h l a g* in Verbindung mit Grifflösen (Fotos 104–106) gegen beide Hände fassen ein Handgelenk

*H a n d r ü c k e n s c h l a g* in Verbindung mit Grifflösen (Fotos 107–109) gegen beide Hände fassen beide Handgelenke

*H a n d r ü c k e n s c h l a g* in Verbindung mit Grifflösen (Fotos 110–112) gegen beide Hände fassen beide Handgelenke von hinten

Der *Kniestoß* erfolgt geradlinig durch Hochreißen des Knies vorwiegend gegen die Genitalien und den Solarplexus, ausnahmsweise auch – wenn sich der Gegner bückt – gegen das Gesicht. Die Wirkung des Kniestoßes wird durch den kraftvollen Einsatz der Hüfte nach vorne wesentlich verstärkt. Im Moment des Stoßes ist das ganze Bein kraftvoll zu spannen; der Stoß soll mit dem zurückgesetzten Bein explosionsartig erfolgen.
Der Knieschlag verläuft bogenförmig.

*Kniestoß (Fotos 113–115) gegen Umklammerung von vorne über den Armen Durch Fingerspitzenstich in die Leisten Distanz schaffen, dann Kniestoß zum Unterleib.*

*Kniestoß (Fotos 116–118) gegen Würge von vorne mit beiden Händen. Lockerung der Würge mit beiden Händen, Kniestoß zum Unterleib.*

Üben Sie diese Technik weiter gegen:

Beid. Hände fass. beid. Handgel.
Griff in Revers, beidhändig
Körperumkl. v. vorn mit Anheben
Würge Gegner v. hinten, Boden

Ohrfeigen
Gerader Fauststoß
Aufwärtshaken
Schwinger
Schlägerangriff

Kopfstoß zum Magen
Stockschlag von oben, eine Hand
Stockschlag von außen
Stockschlag v. oben, beidhändig

*Beineinhängen* (Sperrtechnik)
Um bei einer Körperumklammerung von vorne oder hinten ein Ausheben zu vermeiden, hängt man sich am Standbein des Gegners ein. Sobald der Versuch des Aushebens wieder eingestellt wird, man also selbst wieder festen Stand gewonnen hat, ergeben sich mehrere Möglichkeiten für Gegentechniken.

*(Foto 119) Ausheben von hinten*

*(Foto 120) Ausheben von vorne*

*'erauswinden und Körper abbiegen (Fotos 121–123) gegen Umklamme-
ıng von vorne über den Armen. Aus der Umklammerung von vorne über den Armen be-
eit sich der Verteidiger, indem er zuerst die Arme nach unten stößt. Dadurch lockert sich
er Griff, so daß die Arme angehoben werden können. Nun wird der Körper des Angrei-
ırs nach hinten abgebogen. Dabei rückt die linke von hinten gegen die Lendenwirbel,
'e rechte Hand von vorne gegen das Gesicht. Der Verteidiger schiebt sich seitlich am
ngreifer vorbei, damit ihn kein Kniestoß treffen kann.*

*erauswinden und Körper abbiegen (Fotos 124–126) Umklammert der
ngreifer tiefer, ist ein Herauswinden der Arme nach oben sofort möglich.
as Befreien wird in jedem Falle erleichtert, wenn der Verteidiger bei der Umklammerung
och tiefer einatmen kann, dadurch voluminöser wird, beim Herauswinden sodann aus-
tmet und dadurch „Spielraum" gewinnt. Die Aktionen sind im Ernstfall mit einem pas-
enden Atemi als Schock einzuleiten, um die Kraft des Angreifers zu brechen.*

Üben Sie das Körperabbiegen auch gegen einen Schwitzkasten von der Seite.

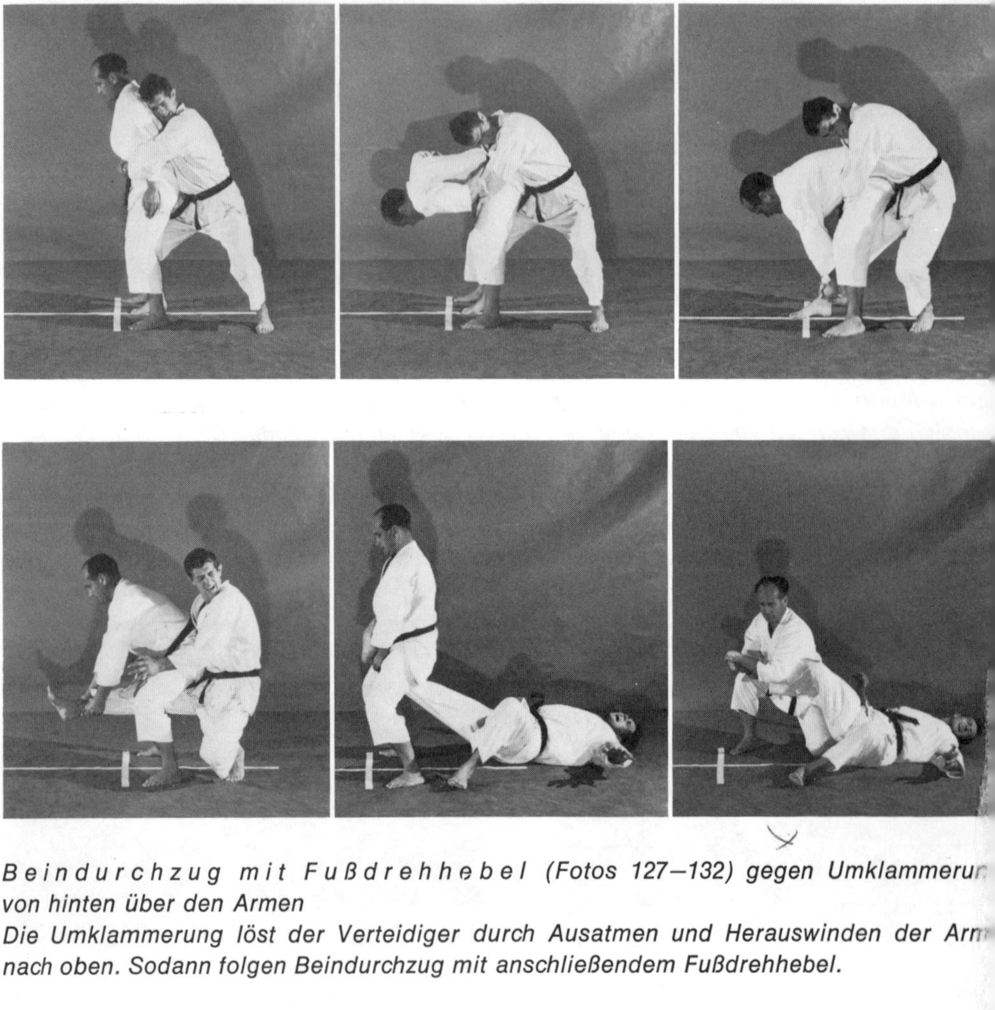

*Beindurchzug mit Fußdrehhebel (Fotos 127–132) gegen Umklammeru von hinten über den Armen*
*Die Umklammerung löst der Verteidiger durch Ausatmen und Herauswinden der Arm nach oben. Sodann folgen Beindurchzug mit anschließendem Fußdrehhebel.*

*Die Wirkung des Beindurchzuges liegt in der Hebelung des durchgezogenen, gestreckte Beines. Das Gesäß belastet das Knie des Angreifers bei gleichzeitigem ruckartige Hochziehen des Unterschenkels. Der Angreifer muß die Umklammerung lösen (Vorsic beim Üben!), der anschließende Fußdrehhebel bringt ihn unter Kontrolle.*

*eindurchzug mit Fußdrehhebel* (Fotos 133–135). *Die zweite Art des Fußdreh-*
*ebels ist ebenfalls sehr empfehlenswert, denn sie macht den Gegner in der Bauchlage*
*öllig kampfunfähig, was einem Festlegegriff gleichkommt.*

Der *Große Hüftwurf* ist ein in der Selbstverteidigung vielseitig anwendbarer Judo-Kampfwurf. Die Ausgangslage ist jedoch nicht wie im Judokampf der bekannte Griff am Judogi, sondern entweder eine Umklammerung oder Würge von vorne oder hinten oder ein Schlagangriff. Entsprechend sind die Eingänge zu diesem Wurf variabel. Allen Eingängen ist aber folgendes gemeinsam:

Das Gleichgewicht des Angreifers ist durch Zug nach vorne zu brechen, die Hüfte ist ganz unter seinen Schwerpunkt einzudrehen, durch Strecken der Beine (Hebelwirkung) ist der Angreifer auszuheben und durch ein Drehen des Oberkörpers zu werfen. Bei der ganzen Aktion ist mit dem Angreifer enger Kontakt zu halten, so daß ihm ein Absperren des Wurfes unmöglich wird. Bei allen Frontalangriffen dreht der Verteidiger zum Wurfansatz um 180 Grad in den Angriff hinein, was einiger Übung bedarf und an folgendem Beispiel erläutert wird:

*G r o ß e r   H ü f t w u r f* (Fotos 142–145) gegen Schwinger. Eingang zum linken Hüftwurf durch Eindrehen um 135–180 Grad; der Schwinger „läuft leer“. Zug nach vorne und Aufladen auf die Hüfte mit Abwurf durch Drehung des Oberkörpers.

*roßer Hüftwurf mit Kniestoß* (Fotos 136–141) gegen Umklammerung von inten über den Armen. Ist die Umklammerung höher angesetzt, gleitet der Körper unter leichzeitigem Anheben der Arme und Ausatmen nach unten. Hände und Arme werden ei, so daß der Ansatz verschiedener Techniken möglich ist. Hier ein Hüftwurf mit nach-lgendem Kniestoß in die Rippen.

ben Sie diese Technik weiter gegen:

| | | |
|---|---|---|
| agenfassen von hinten | Ohrfeigen | Stockschlag von oben, eine Hand |
| ürge v. vorn, eine Hand u. Schl. | Gerader Fauststoß | Stockschlag von innen |
| ürge v. vorn m. beid. Händen | Aufwärtshaken | Stockschlag von außen |
| ürge v. d. Seite m. beid. Händ. | Rückhandschlag | Stockschlag v. oben, beidhändig |
| ürge v. hinten m. beid. Händen | Schlägerangriff | |

## Hebeltechniken

Hebeltechniken können als „harte“ und „weiche“ Mittel in der Selbstverteidigung angewendet werden. Es kommt auf die Notwehrsituation an. Finger- und Handgelenke brechen schnell, das Ellenbogengelenk dagegen ist wesentlich stärker. Ein Ellenbogengelenkhebel wird daher nur unter gewissen Voraussetzungen wirksam, nämlich: Brechen des Gleichgewichtes durch Zug, Druck oder Körperdrehbewegung, fester und kontrollierter Griff. Die schmerzhaften Überdehnungen und Verdrehungen der Gelenke machen den Gegner in jedem Fall wehrlos; schon ein wenig mehr „des Guten“ verursacht erhebliche Verletzungen. Daher ist auch beim Üben große Vorsicht geboten. Hebel sind zu „ziehen“ und nicht zu „reißen“. Der Übungspartner gibt erforderlichenfalls besser durch rechtzeitiges „Abklopfen“ die Grenze des Erträglichen zu erkennen, als durch falschen Ehrgeiz eine längere ärztliche Behandlung zu riskieren.

*Fingerhebel gegen Umklammerung von hinten unter den Armen*

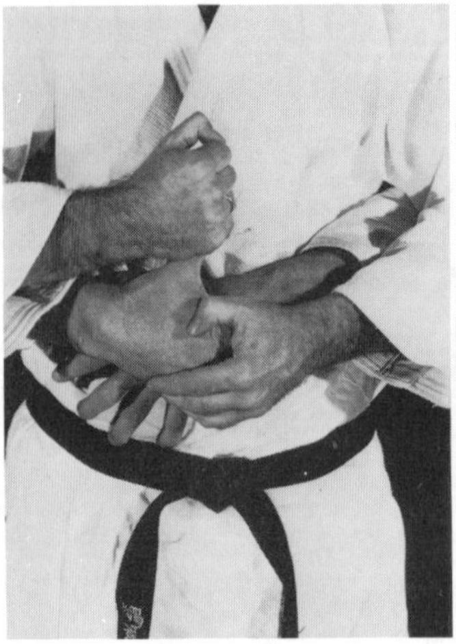

*(Foto 146) Hebel am Daumen*

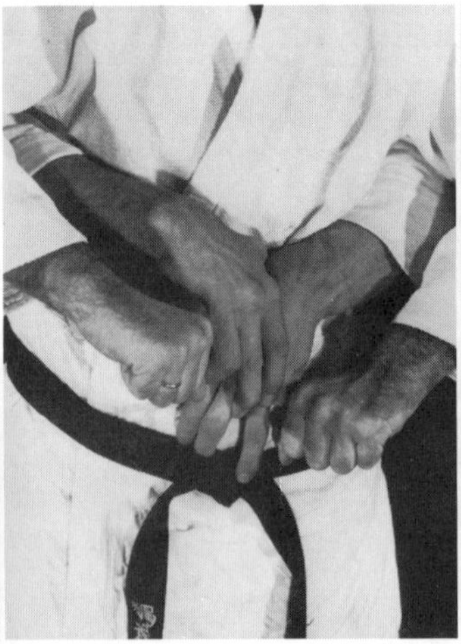

*(Foto 147) Hebel an den kleinen Fingern*

*(Foto 148) Hebel am Zeigefinger*

Damit ein Fingerhebel mühelos gelingt, ist die Umklammerung zuerst mit einem Atemi zu lockern. Hierzu bieten sich an:
Fersentritt auf die Zehen, Schlag mit dem Hinterkopf zum Gesicht, Knöchelschlag auf den Handrücken.

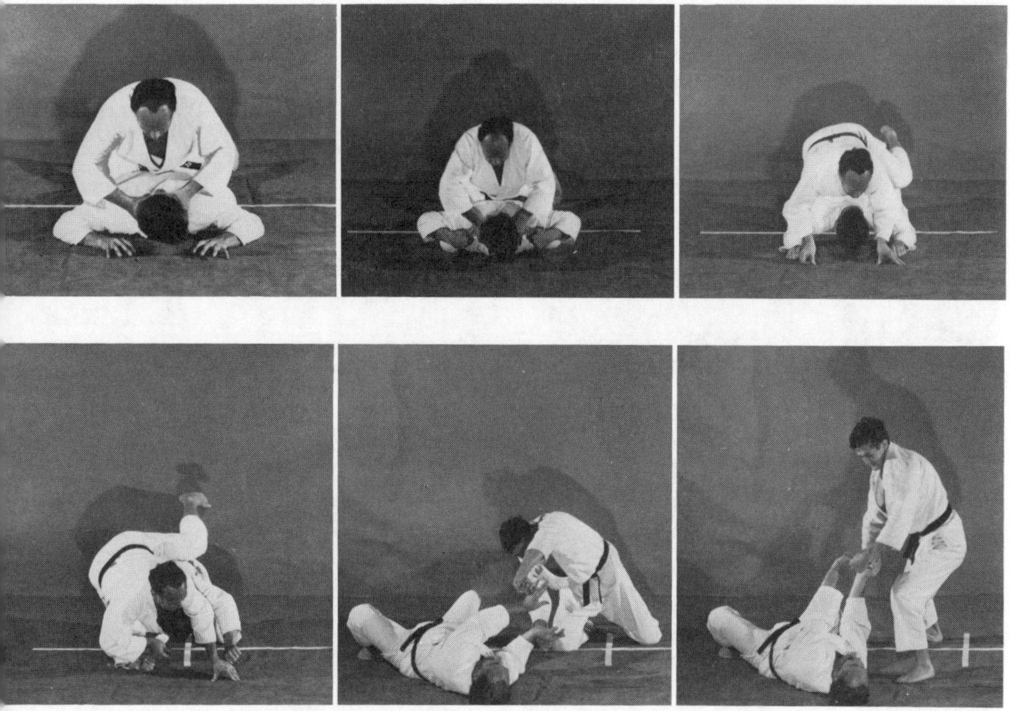

*Fingerhebel (Fotos 149–154) gegen Würge von hinten, eigene Bauchlage. Der Angreifer ist mit den gehebelten Fingern nach vorne seitlich abzuwerfen.*

Üben Sie diese Technik weiter gegen:

Körperumkl. v. hint. m. Anheben
Würge v. hinten m. beid. Händen

Revolverangriff von vorn. nah
Revolverangriff von hinten, nah

Hinweis: Hierbei wird der am Abzug liegende Finger gehebelt, indem der Revolver erfaßt und verdreht wird. Bei einer Pistole läßt sich dies nicht durchführen, da man sich durch den Schlitten die eigene Hand verletzt.

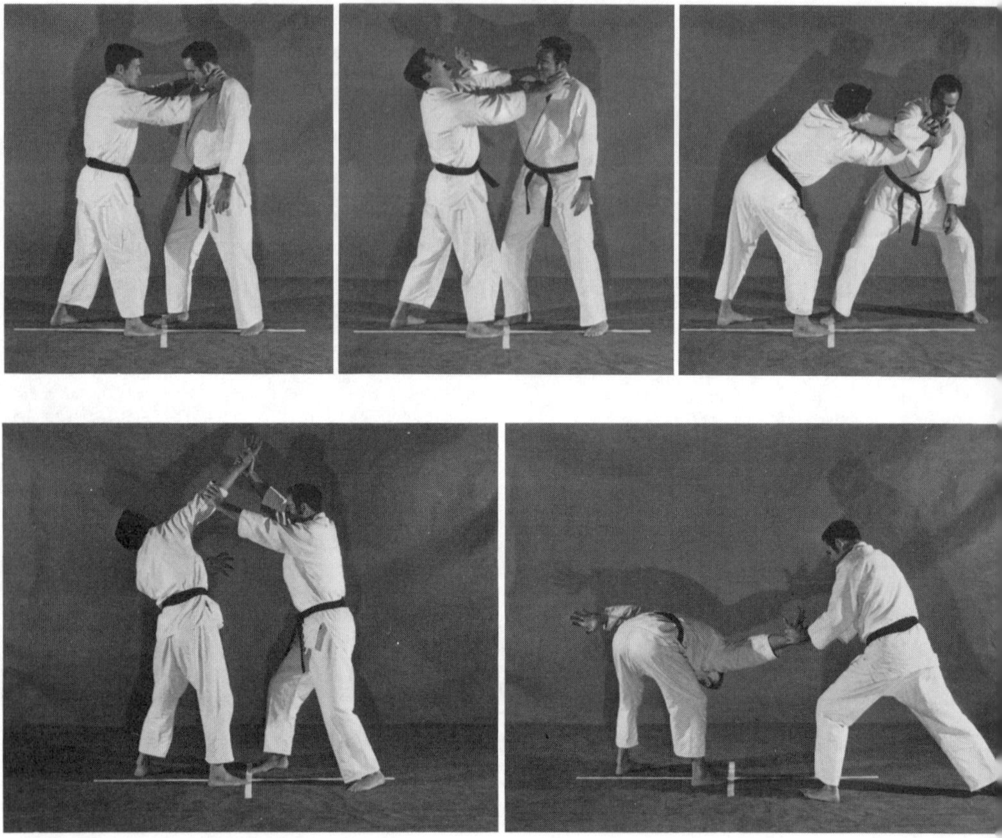

*Handdrehbeugehebel (Hebeltechnik am Handgelenk)* (Fotos 155–
159) gegen Würge von vorne mit beiden Händen oder Fassen beider Revers. Der Ver
teidiger bricht das Gleichgewicht des Angreifers durch Zug nach vorne, indem er einer
Schritt links zurückgeht und seinen Körper nach dieser Seite um 90 Grad dreht. Gleich
zeitig wischt er mit der rechten Hand im Bogen über das Gesicht des Angreifers (Atemi
und umfaßt dessen rechte Hand von obenher. Mit einer Schrittdrehung nach außen zu
rechten Seite des Angreifers führt der Verteidiger die Hand im hohen Bogen und verdreh
den Arm derart, daß die Handfläche nach oben zeigt. Seine linke Hand faßt zur Unterstüt
zung ebenfalls zu und beugt die gedrehte Hand unter gleichzeitigem Zug in seine Rich
tung. Es ist darauf zu achten, daß der Angreifer nicht „stehengelassen" wird, sondern die
Zug- und Drehbewegungen die Hebeltechnik auch für jeden schwächeren Verteidiger mög
lich machen.

*H a n d d r e h b e u g e h e b e l* 1. *Ausführung: gegen Würge von vorne einhändig und Schlag. Der Schlag wird rechts abgeblockt. Sodann erfolgt der Eingang zum Hebel, wie bei „Würgen beidhändig von vorne" dargestellt.*

(162)

(163)

(164)

(165)

(166)

(167)

*H a n d d r e h b e u g e h e b e l (Fotos 162–167) [2. Ausführung]: Durch eine Körperdrehung um 90 Grad nach außen weicht der Verteidiger dem Schlag aus, gleichzeitig faßt seine linke Hand den würgenden Arm von unten her am Ellenbogen und drückt ihn nach oben ab. Die am Hals freiwerdende Würgehand umfaßt er von oben mit seiner Rechten und dreht sie zum Handdrehbeugehebel ein. Bei der gesamten Aktion muß sich der Verteidiger immer an der „toten Seite" des Angreifers bewegen, so daß er von diesem nicht mit einem Faustschlag erreicht werden kann.*

Der Handdrehbeugehebel ist in der Endphase grundsätzlich in zwei verschiedenen Griffhaltungen möglich (Fotos 160/161). Für die Beugung eines starken Handgelenkes empfiehlt sich die zweite Ausführung, die – statt des Daumendruckes – einen größeren Krafteinsatz gewährleistet.

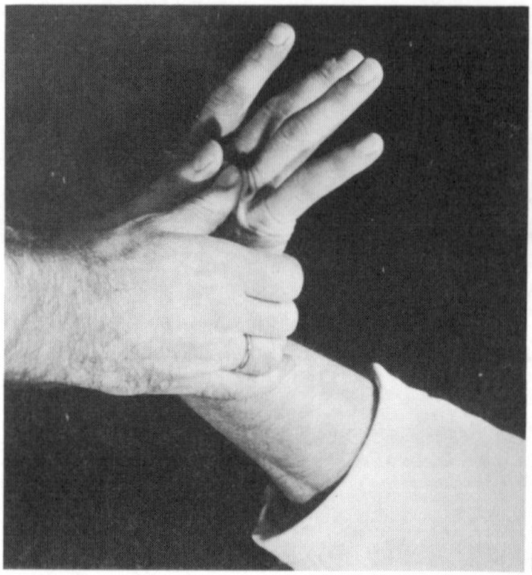

(160)

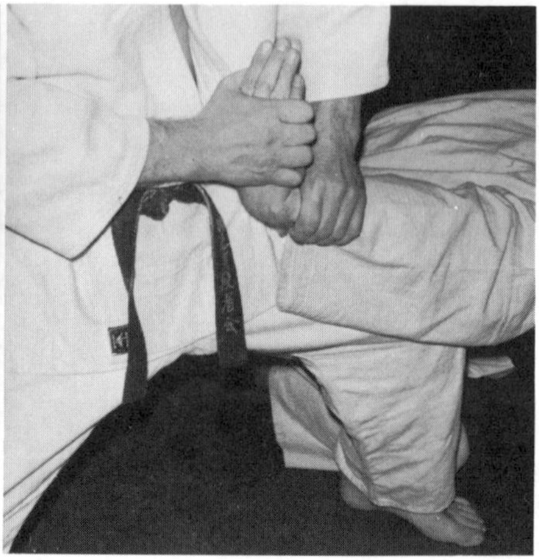

(161)

Üben Sie diese Technik weiter gegen:

Gegenüberl. Handgelenk fassen
Diagonales Handgelenk fassen
Beide Hände fassen ein Handgel.
Beid. Hände fass. beid. Handgel.
Griff in den Ärmel von vorn
Griff in den Ärmel von hinten
Griff zur Krawatte und Schlag
Kragenfassen von hinten
Griff in die Haare von vorn
Würge v. d. Seite m. beid. Händ.
Würge v. hinten m. beid. Händen
Würge Gegner zw. d. Bein., Bod.
Würge Gegner seitlich, Boden
Würge Gegner v. hinten, Boden
Ohrfeige
Gerader Fauststoß
Aufwärtshaken
Rückhandschlag
Schwinger
Stockschlag von oben, eine Hand
Stockschlag von innen
Stockschlag von außen
Messerstich von oben
Messerstich von unten
Messerstich von außen
Messerstich von innen
Florettstich
Pistolenangriff von vorn, nah
Pistolenangriff von hinten, nah

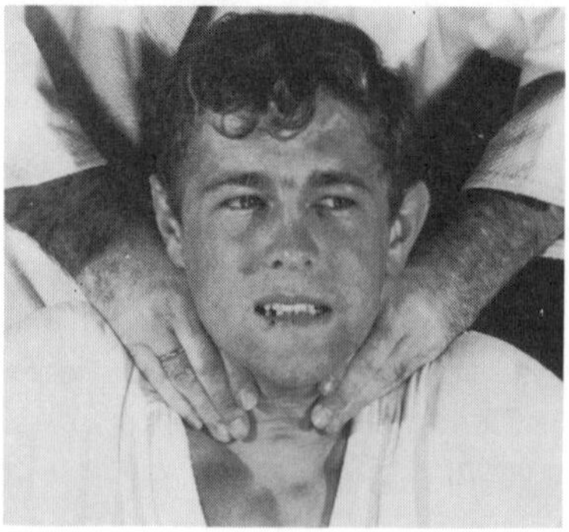

(168) Grundsätzlich bei Würgen beachten: Die Verteidigung beginnt sofort beim Ansatz des Griffes durch Anziehen des Kinnes zur Brust und Hochziehen der Schultern. Dadurch wird der Hals – insbesondere der Kehlkopf – gegen Druck geschützt und die Würge weitgehend wirkungslos.

*Körperstreckhebel (Hebeltechnik am Ellenbogengelenk) (Fotos 169–173) gegen Würge von vorne mit beiden Händen. Sofort Kinn anziehen und Schultern anheben. Der Eingang ist der gleiche wie beim Handdrehbeugehebel. Die rechte Hand faßt das rechte Handgelenk des Angreifers von oben. Bei der Schrittdrehung nach außen unterstützt die inke Hand von unten gegen den Ellenbogen in hohem Bogen das Eindrehen zum Körperstreckhebel. Der dreh-gestreckte Arm wird zwischen Oberarm und Körperseite eingeklemmt und durch Druck mit dem ganzen Körper auf den Ellenbogen gehebelt.*
*n der Endphase darf der Angreifer nicht im Gleichgewicht stehen, sondern muß in einer abilen Stellung schwach gehalten werden. Der Hebel kann bis zum Boden weitergeführt werden.*

*K ö r p e r s t r e c k h e b e l (Fotos 174–176) gegen Aufwärtshaken. Der Verteidiger weich dem Schlag durch einen Gleitschritt rückwärts aus und leitet den Schlag mit beiden Hän den nach oben weiter. Der Schlagarm wird sodann im Bogen unter gleichzeitiger Schritt drehung nach außen heruntergezogen und zum Streckhebel eingedreht.*

### Üben Sie diese Technik weiter gegen:

Gegenüberl. Handgelenk fassen
Diagonales Handgelenk fassen
Beide Hände fassen ein Handgel.
Beid. Hände fass. beid. Handgel.
Griff in den Ärmel von vorn
Griff in den Ärmel von hinten
Griff in die Revers, beidhändig

Griff zur Krawatte und Schlag
Kragenfassen von hinten
Griff in die Haare von vorn
Würge v. vorn, eine Hand u. Schl.
Würge v. d. Seite m. beid. Händ.
Würge v. hint. m. beiden Händen
Würge Gegner v. hinten, Boden
Ohrfeige

Gerader Fauststoß
Schwinger
Stockschlag von oben, eine Hand
Stockschlag von außen
Messerstich von unten
Messerstich von außen
Florettstich

*T r a n s p o r t g r i f f (Fotos 177–179) Armriegel von außen (Hebel am Ellenbogengelenk gegen Fassen des gegenüberliegenden Handgelenkes. Der Verteidiger umfaßt mit seine rechten Hand das Handgelenk des Angreifers und zieht dessen Arm kräftig nach inner so daß der Angreifer um 90 Grad gedreht wird. Der Verteidiger steht dadurch ungefäh det in der „toten Zone“. Die linke Hand befreit er durch Grifflösen, schockiert den Ar*

*greifer mit einem Handrückenschlag zum Gesicht und setzt an dem gestreckten Arm von ıußen her einen Armriegel an. Der Arm des Angreifers wird unter dem Oberarm einge-:lemmt, verriegelt und durch Anheben des linken Unterarmes am Ellenbogengelenk ge-ıebelt.*

Üben Sie diese Technik weiter gegen:

| | | |
|---|---|---|
| Handfassen | Beide Hände v. hint., Daum. inn. | Messerstich von unten |
| Diagonales Handgelenk fassen | Rückhandschlag | Messerstich von innen |
| Beide Hände fassen ein Handgel. | Stockschlag von oben, eine Hand | Florettstich |
| Beid. Hände fass. beid. Handgel. | Stockschlag von innen | Pistolenangriff von vorn, nah |

*: u ß r ü c k s t o ß (Fotos 180–183) gegen Fußtritt von unten. Der Verteidiger weicht dem :ußtritt durch eine Körperdrehung auf der Stelle um 90 Grad aus und leitet das Bein des \ngreifers mit dem linken Unterarmblock nach unten, innen ab. Die rechte Hand umfaßt len Fuß, dreht diesen nach außen, die linke Hand schlägt auf das Knie und streckt das 3ein. Der Angreifer wird kräftig zurückgestoßen, verliert sein Gleichgewicht und fällt. 3ei der Abwehr eines Fußtrittes ist darauf zu achten, ob der Angreifer nachschlägt. Reak-ion und Beweglichkeit sind zu schulen, um einem solchen Doppelangriff zu entgehen.*

## Abnehmen von Waffen

Zum Abnehmen von Waffen können bei einer Prüfung beliebige Techniken gewählt werden. Wichtig ist nur, daß der Verteidiger in der Endphase dem Angreifer die Waffe abgenommen hat. Das Entwaffnen hat so sorgfältig und kontrolliert zu erfolgen, daß für den Verteidiger selbst während der Aktion jede Verletzungsgefahr weitgehend vermieden wird. Das trifft insbesondere bei doppelseitig geschliffenen Messern zu!

Die Technik des „Stockauswindens" ist z. B. sehr einfach auszuführen und wird nachstehend dargestellt. Drei Eingänge sind – je nach Lage, Platz und Raumverhältnissen – möglich, nämlich

1. Ausweichen nach außen,
2. Ausweichen nach innen,
3. Hineingehen in den Schlag.

*Stockschlag von oben mit einer Hand.*
*(Fotos 184–186) Ausweichen nach außen:*
*Der Verteidiger weicht dem Stockschlag zum Kopf nach außen zur „toten Seite" des Angreifers aus. Die Hände leiten den Schlag seitlich nach unten, die rechte Hand umfaßt das Handgelenk und dreht den Schlagarm um 180 Grad nach hinten, die linke Hand entwindet den Schlagstock durch Drehen des Handgelenkes.*

'Fotos 187—188) Ausweichen nach innen:

)er Verteidiger weicht dem Stockschlag nach innen aus, weil zum Beispiel eine Wand len Platz nach außen versperrt. Während er den Schlagarm mit der linken Hand nach un-en ableitet und dann am Handgelenk zufaßt, schockt er rechts den Angreifer mit einem ;toß ins Gesicht und kommt damit gleichzeitig einem linken Schlagangriff zuvor. Die linke -land zieht den Schlagarm unter Drehung und Spannung nach vorne innen. Der Verteidiger ;teht dann wieder in der „toten Zone!", die rechte Hand entwindet den Schlagstock durch )rehen des Handgelenkes nach außen.

'Fotos 189—191) Hineingehen in den Angriff:

st nach beiden Seiten kein Platz zum Ausweichen, geht der Verteidiger mit einem Gleit-;chritt explosiv in den Schlagangriff hinein, fängt den Arm ab und bricht das Gleichge-vicht des Angreifers nach rückwärts über dessen Körperdiagonale. Die Überdrehung des ;chlagarmes und die Entwindung des Schlagstockes geschehen wie beim „Ausweichen ıach außen".

## Übungsanleitung:

Anfänger glauben immer, eine Technik zwei- bis dreimal rechts und links zu üben genüge. Vollendetes Können – und darauf kommt es letztlich an – erreicht man aber nur durch ein beständiges, fleißiges Üben; jede Technik ist mindestens 20 bis 30 mal an jedem Abend nach beiden Seiten auszuführen und das über längere Zeit. Der Erfolg wird Ihre Mühe belohnen.

*Demonstration eines Handdrehbeugehebels als Festlegegriff angewendet.*

*roße Außensichel*

Der Kreuzfesselgriff zählt zu der Gruppe der Armbeugehebel. Der auf den Rücken gedrehte Arm des Angreifers wird im gebeugten Ellenbogengelenk mit dem eingeschobenen Unterarm des Verteidigers kreuzgefesselt. Die vorgeschobene Hüfte sperrt den Angreifer nach vorne ab und verhindert ein Herausdrehen aus dem Griff; mit der anderen Hand wird der Kopf kontrollierend gehalten.
Der Griff eignet sich zum Transport, Festlegen am Boden und zum Aufheben. Er ist als sogenannter Polizeigriff bekannt. Als Varianten gelten in der Bodenlage der Fuß- und Beinkreuzfesselgriff.

*Kreuzfesselgriff gegen Stockschlag von oben*
*Der Verteidiger weicht aus mit einer Schrittdrehung nach außen, leitet mit seinem nach oben schützenden und abwehrenden Arm den Schlag ab, führt den Schlagarm in einem Kreisbogen nach unten und weiter nach hinten in den Kreuzfesselgriff hinein. Der abgenommene Schlagstock wird mit einer Würgetechnik zur Kontrolle des Kopfes vor den Hals gesetzt, was in der Regel mit der Hand unter dem Kinn geschieht. In der Bodenlage kann mit Beinkreuzfesselgriff gehalten werden.*

Üben Sie die Technik auch gegen:

Fassen eines Handgelenkes
Stockschlag von innen
Messerstich von unten
Als Aufhebegriff aus der Bodenlage

Mit dem *Handkantenblock* werden Schläge und Tritte abgewehrt. Die Technik ist dem Unterarmblock ähnlich. Der Block wird weit ausholend, hart geschlagen. Die gestreckte Hand – mit angewinkeltem Daumen – trifft mit der gespannten Handkante den angreifenden Arm bzw. das Bein an einem schmerzhaften Punkt. Der Verteidiger weicht dabei dem Angreifer stets seitlich aus und achtet auf eine korrekte Verteidigungsstellung.

*Handkantenblock (Fotos 192–193) gegen geraden Fauststoß. Ausweichen nach innen.*

*Handkantenblock (Fotos 194–195) gegen Stockschlag von außen. Ausweichen nach außen.*

Üben Sie diese Technik weiter gegen:

Würge v. vorn, eine Hand u. Schl.
Ohrfeige
Rückhandschlag
Schwinger
Fußtritt von unten vorn

Fußtritt von der Seite
Stockschlag von oben, eine Hand
Stockschlag von außen
Stockstich
Messerstich von oben

Messerstich von unten
Messerstich von außen
Messerstich von innen
Florettstich

Der *Handaußenkantenschlag* ist eine Angriffstechnik. Während der Handkantenblock einen Angriff aus der Verteidigungsstellung nur stoppen oder ableiten soll und die Ausgangsbasis für eine nachfolgende Technik (Schlag, Hebel oder Wurf) schafft, klärt der Handkantenschlag – richtig placiert und dosiert – die Lage endgültig. Auf die Aktionsstellung ist zu achten. Der Schlag wird hart und federnd gegen empfindliche Körperstellen ausgeführt wie z. B. Schläfe, Halsschlagader, Kehlkopf, Genick, Leber oder Nieren.

*Handaußenkante, Schlag nach innen (Fotos 196–197) gegen Stockschlag von oben mit einer Hand. Ausweichen nach außen, Handkantenblock. Handkantenschlag nach innen zur Schläfe oder Genick*

*Handaußenkante, Schlag nach innen (Fotos 198–200) gegen Schwinger. Ausweichen nach innen, Handkantenblock; Handkantenschlag zur Halsschlagader*

## Üben Sie diese Technik weiter gegen:

Gegenüberl. Handgelenk fassen
Diagonales Handgelenk fassen
Beide Hände fassen eine Hand
Beide Hände v. hint., Daum. inn.
Griff in den Ärmel von vorn
Griff in den Ärmel von hinten
Körperumkl. v. vorn unt. d. Arm.
Ohrfeige
Gerader Fauststoß
Aufwärtshaken
Rückhandschlag
Fußtritt von unten vorn
Fußtritt von der Seite
Kopfstoß zum Magen
Stockschlag von innen
Stockschlag von außen
Stockschlag v. oben, beidhändig
Stockstich
Messerstich von oben
Messerstich von unten
Messerstich von außen
Messerstich von innen
Florettstich
Pistolenangriff von vorn, nah

*Handaußenkante, Schlag nach außen gegen Würge von vorne mit beiden Händen. Handkantenschlag zur Halsschlagader, zwischen oder über den würgenden Armen.*

*Handaußenkante, Schlag nach außen gegen Würge von hinten mit beiden gestreckten Armen. Leichte Körperdrehung nach hinten, Schlag zur Leber.*

## Üben Sie diese Technik weiter gegen:

Handfassen
Gegenüberl. Handgelenk fassen
Diagonales Handgelenk fassen
Beide Hände fassen ein Handgel.
Beid. Hände fass. beid. Handgel.
Griff in die Revers, beidhändig
Griff zur Krawatte und Schlag
Kragenfassen von hinten
Würge v. vorn, eine Hand u. Schl.
Würge v. der Seite, beide Hände
Würge Gegner im Reitsitz, Boden
Würge Gegner zw. d. Bein., Bod.
Würge Gegner seitlich
Ohrfeige
Schlägerangriff
Stockschlag von außen
Stockstich
Messerstich von oben
Messerstich von unten
Messerstich von außen
Messerstich von innen
Florettstich
Pistolenangriff vorn, nah
Pistolenangriff hinten, nah

Der *Ellenbogenstoß* ist eine kraftvolle Schocktechnik für den Nahkampf. Er wird dicht am eigenen Körper vorbei aufwärts, abwärts, vorwärts, seitwärts oder rückwärts in gerader Richtung ausgeführt, vorwiegend zum Gesicht, Solarplexus und Genick des Angreifers.

*Ellenbogenstoß rückwärts (Fotos 206–207) gegen Körperumklammerung vo hinten über den Armen. Weit ausholen und Stoß rückwärts zum Solar Plexus.*

*Ellenbogenstoß rückwärts (Fotos 208–209) gegen Würge von hinten mit bei den angewinkelten Armen. Weit ausholen, Stoßkraft mit dem anderen Arm verstärken.*

Üben Sie diese Technik weiter gegen:

- Griff in die Haare von hinten
- Körperumkl. v. hint. unt. d. Arm.
- Würge v. hinten m. d. Unterarm
- Kragenfassen von hinten

*Ellenbogenstoß seitwärts (Fotos 210–212) gegen geraden Fauststoß. Unterarmblock von außen, dann sofort den Arm weiterführen, Körper seitlich eindrehen und Ellenbogen seitwärts zur Leber.*

Üben Sie diese Technik weiter gegen:

Handfassen
Gegenüberl. Handgelenk fassen
Diagonales Handgelenk fassen
Beide Hände fassen ein Handgel.
Beid. Hände fass. beid. Handgel.
Beide Hände v. hint., Daum. inn.
Griff in den Ärmel von vorn
Griff in den Ärmel von hinten
Griff in die Revers beidhändig
Griff zur Krawatte und Schlag
Kragenfassen von hinten
Würge v. vorn, eine Hand u. Schl.
Würge von vorn beide Hände
Würge v. der Seite, beide Hände
Würge Gegner im Reitsitz, Boden
Würge Gegner seitlich
Ohrfeige
Rückhandschlag
Schwinger
Schlägerangriff
Fußtritt von unten vorn
Fußtritt von der Seite
Stockschlag von innen
Stockschlag von außen
Messerstich von außen
Messerstich von innen

*Ellenbogenschläge* werden dagegen in kreisförmiger Bewegung ausgeführt, vorwärts, rückwärts und nach oben.

Der *Fußtritt vorwärts* – richtig ausgeführt – zählt zu den wirkungsvollsten Techniken in der Selbstverteidigung und ist – seitdem der Karatesport populär geworden ist – auch „gesellschaftsfähig“. Der Fußtritt hat eine spezielle Technik und zum Beispiel nichts mit dem Treten eines Fußballs gemeinsam.

Beachten Sie: Ein sicherer Stand in der Verteidigungsstellung ist Voraussetzung. Das Bein wird schnell angezogen und deckt den Unterleib (Foto 213). Auf dem Standbein ist der Körper gut im Gleichgewicht zu halten. Der Tritt erfolgt sodann als Schnapptritt aus dem Kniegelenk, zielt in die Tiefe und trifft mit dem Fußballen (Foto 214). Die Zehen werden angezogen. Der Unterschenkel schnappt sofort nach dem Auftreffen wieder zurück. Erst dann wird das Bein abgesetzt. Die Wirkung des Fußtrittes hängt – wie alle Schlag-, Stoß- und Trittechniken – entscheidend vom Karateprinzip ab. Hierauf muß noch einmal hingewiesen werden: Mit größtmöglicher Kraft und höchstmöglicher Schnelligkeit ist der Tritt mit dem Fußballen (kleine Fläche) gegen eine empfindliche Körperstelle zu richten, zum Beispiel gegen Schienbein, Kniegelenk, Genitalien, Solarplexus oder auch – bei einiger Übung – unter das Kinn.

(213)

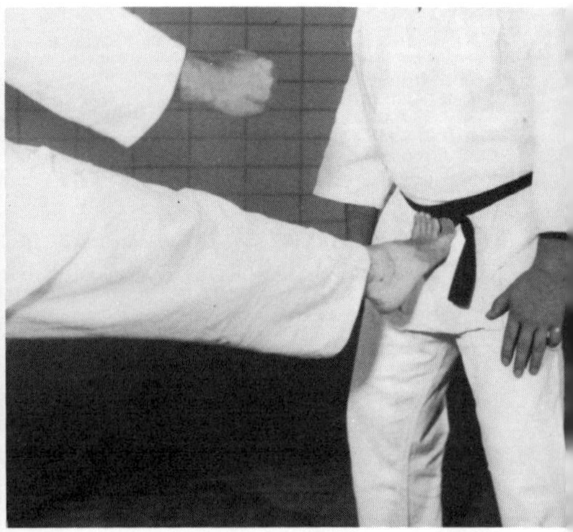

(214)

*Fußtritt vorwärts gegen Würge von vorne mit beiden Händen.*

*Der Fußtritt wirkt besser aus der richtigen Distanz. Der Schock des Tritts löst den Würgegriff.*

*Fußtritt vorwärts gegen Fußtritt von unten.*

*Ausweichen, Bein abfangen.* *Mit Fußtritt kontern.*

## Üben Sie diese Technik weiter gegen:

Gegenüberl. Handgelenk fassen
Diagonales Handgelenk fassen
Beide Hände fassen ein Handgel.
Beid. Hände fass. beid. Handgel.
Würge v. vorn, eine Hand u. Schl.
Ohrfeige
Gerader Fauststoß

Aufwärtshaken
Rückhandschlag
Schwinger
Schlägerangriff
Fußtritt von der Seite
Kopfstoß zum Magen
Stockschlag von oben, eine Hand
Stockschlag von innen

Stockschlag von außen
Stockschlag gegen die Beine
Messerstich von oben
Messerstich von außen
Messerstich von innen
Florettstich
Pistolenangriff vorn, weit

Beim *Fußstoß seitwärts* wird die Außenkante des Fußes gegen den Angreifer gestoßen, vorwiegend gegen das Schienbein und das Knie, aber auch nach einiger Übung gegen den Solarplexus und die Nieren. Durch den Hüfteinsatz und das gestreckte Bein erhält der Stoß einen besonderen Kraftimpuls. Bei richtiger Placierung (Foto 221) – zum Beispiel seitlich gegen das Knie – verursacht der kraftvolle Stoß schwere Verletzungen (Bänderrisse, Meniskusverletzungen, Bruch des Kniegelenkes).

(221)

*Fußstoß seitwärts gegen Schlägerangriff*

*(Foto 222) In der Verteidigungsstellung zieht der Verteidiger das Knie an und nimmt eine seitliche Haltung ein.*

*(Foto 223) Der Angriff wird durch den Seitfußstoß gestoppt.*

Üben Sie diese Technik weiter gegen:

Handfassen
Gegenüberl. Handgelenk fassen
Diagonales Handgelenk fassen
Beide Hände fassen ein Handgel.
Beide Hände fass. beid. Handgel.
Beide Hände v. hint., Daum. inn.
Griff in den Ärmel von vorn
Griff in den Ärmel von hinten
Griff zur Krawatte und Schlag
Kragenfassen von hinten
Würge v. vorn, eine Hand u. Schl.
Ohrfeige
Gerader Fauststoß
Schwinger
Stockschlag von oben, eine Hand
Stockschlag von innen
Messerstich von oben
Messerstich von unten
Messerstich von innen
Florettstich

Der *Fußstoß abwärts* ist eine einfache, schmerzbereitende Schocktechnik, um vor allem kraftvolle Umklammerungen zu lösen oder den Gegner am Boden für den Übergang zu einer Festlegetechnik „weichzumachen". Der Fußstoß wird am stehenden Gegner zum Fußrücken und den Fußzehen, rückwärts-aufwärts als Fersentritt gegen die Genitalien und gegen einen am Boden liegenden Gegner gegen den Solarplexus und die kurzen Rippen ausgeführt.

*Fußstoß abwärts gegen Körperumklammerung von hinten über den Armen*

*(Fotos 224–225) Der Stoß erfolgt kraftvoll mit angezogenem Bein abwärts.*

Üben Sie diese Technik weiter gegen:

Beide Hände v. hint., Daum. inn.
Beide Hände v. hint. über Kreuz
Kragenfassen von hinten
Körperumkl. v. hint. unt. d. Arm.
Würge von hinten, beide Hände

Das *Fingerpressen* erfolgt in der Beugerichtung der Finger an den vorderen Fingergelenken. Besonders schmerzhaft und leicht ausführbar ist diese Technik am Daumen.

*Fingerpressen gegen Griff in die Revers beidhändig*

*(Fotos 226–228) Abwehr durch Körperabdrehen und Handfegen. Das vordere Daumengelenk wird zur Handmitte hin zusammengepreßt.*

Üben Sie diese Technik gegen: Körperumkl. v. hint. unt. d. Arm.

Der *Kipphandhebel* wirkt durch seine Drehhebeltechnik am Handgelenk. Der schmerzhafte Griff zwingt den Angreifer zu Boden, wenn er einen Bruch des Handgelenkes vermeiden will. Bei schneller Ausführung des Hebels verläuft die Technik wie ein rasanter Wurf. Der Gegner wird seitlich abgekippt. Wird der Griff gut beherrscht, ist jeder Widerstand aussichtslos, denn der Verteidiger kann immer die Kraft seiner beiden Arme und die Schwungkraft seines Körpers gegen das Handgelenk des Angreifers einsetzen (Foto 229). Durch diesen Umstand ist der Hebel auch von Frauen erfolgreich zu praktizieren; selbst starke Männer sind am Handgelenk gegen diese Verdrehung sehr empfindlich.
Um den Gegner zu Fall zu bringen, erfolgt gleichzeitig mit dem Kipphandhebel nach außen ein Zug am Arm nach vorne vom Gegner weg. Das bewirkt in jedem Fall, daß der Verteidiger nicht in den Gefahrenbereich des anderen gegnerischen Armes kommt.

Am Boden wird der Gegner sofort geschickt am Arm in die Bauchlage weitergeführt. Der Schwung des Falles wird hierzu ausgenutzt. In der Endstellung gleicht der Kipphandhebel an dem in Bauchlage liegenden Gegner dem Handdrehbeugehebel. Dieser Festlegegriff macht den Gegner absolut kampfunfähig.
Die Technik ist im Aikido speziell entwickelt. Ihr besonders eigen sind die schwungvollen Körperdrehungen, wodurch wirksame Zentrifugal- und Zentripetalkräfte frei werden, die auf die Technik übertragen eine hohe Wirksamkeit garantieren. Beachten Sie also auf den Fotos den Bewegungsablauf und bemühen Sie sich, diesen schwungvoll zu üben.

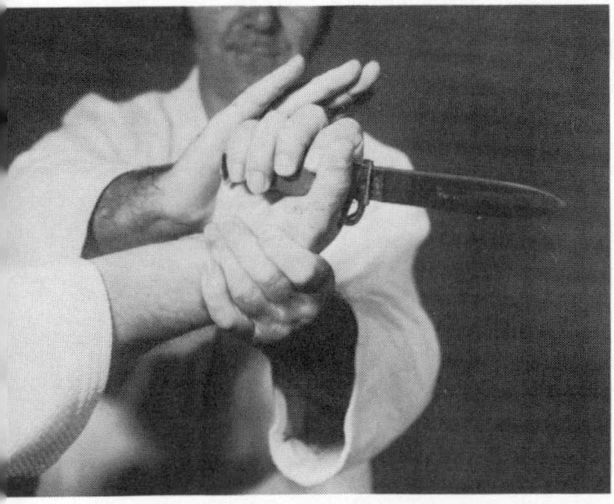

(229)

*Kipphandhebel gegen Messerstich von unten*

*(Foto 235) Ausweichen, Stichabfangen und Schockschlag zum Gesicht*

*(Foto 236) Eindrehen zum Kipphandhebel und Verlauf der Technik wie gegen Stockschlag gezeigt.*

*Kipphandhebel gegen Stockschlag von oben mit einer Hand*

(Foto 230) Ausweichen und Schlag ableiten

(Foto 231) Fassen des Handgelenkes

(Foto 232) Schwungvolles Körpereindrehen zum Kipphandhebel

(Foto 233) Abwurf und Weiterführen in die Bodenlage.

(Foto 234) Endphase des Kipphandhebels al Handdrehbeugehebel in der Bauchlage.

Üben Sie diese Technik weiter gegen:

Handfassen
Gegenüberl. Handgelenk fassen
Diagonales Handgelenk fassen
Beide Hände fassen ein Handgel.
Beid. Hände fass. beid. Handgel.
Beide Hände v. hint., Daum. inn.
Griff in die Revers, beidhändig
Griff zur Krawatte und Schlag
Kragenfassen von hinten

Würge v. vorn, eine Hand u. Schl.
Würge von vorn, beide Hände
Würge v. der Seite, beide Hände
Würge von hinten, beide Hände
Würge Gegner zw. d. Bein., Bod.
Würge Gegner von hinten, Boden
Ohrfeige
Gerader Fauststoß
Aufwärtshaken

Rückhandschlag
Stockschlag von innen
Stockschlag v. oben, beidhändig
Stockstich
Messerstich von oben
Messerstich von innen
Florettstich
Pistolenangriff vorn, nah
Pistolenangriff hinten, nah

Der *B a u c h s t r e c k h e b e l* hebelt das Ellenbogengelenk. Der Arm des Angreifers wird auf die beiden Oberschenkel aufgelegt und mit dem Bauch am Ellenbogengelenk belastet. Um dem Angreifer eine Gegenwehr unmöglich zu machen, ist sein Gleichgewicht durch Zug am Arm zu stören und während des Hebelns in einer labilen Körperstellung zu halten.

*B a u c h s t r e c k h e b e l gegen Stockschlag von innen*

*Foto 237) Ausweichen und seitliches Abfangen* *(Foto 238) Hebeln mit Kragenfassen zur Würge*

*B a u c h s t r e c k h e b e l gegen Stockschlag von oben beidhändig*

*Foto 239) Ausweichen und Ableiten des Schlages* *(Foto 240) Bauchstreckhebel*

Üben Sie diese Technik weiter gegen:

Diagonales Handgelenk fassen
Beide Hände fassen ein Handgel.
Kragenfassen von hinten
Würge v. vorn, eine Hand u. Schl.
Würge v. der Seite, beide Hände
Gerader Fauststoß
Aufwärtshaken
Rückhandschlag
Stockschlag von oben, eine Hand
Messerstich von innen
Florettstich

Der *Wickelgriff* ist eine Verhebelungstechnik, die am Hand- und Ellenbogengelenk wirksam wird und auch als Transportgriff Anwendung findet.

*Wickelgriff gegen beide Hände fassen beide Handgelenke*

*(Fotos 241–244) Eingang zum umgekehrten Riegelstreckhebel von außen (5. Kyu).*

*(Fotos 245–247) Der Angreifer leistet Widerstand und vereitelt den Streckhebel durch Beugen de Armes. Jetzt Übergang zum Wickelgriff.*

*W i c k e l g r i f f gegen Stockschlag von innen*

*(Fotos 248–250) Ausweichen und Abfangen des Schlages, dann direkter Eingang zum Wickelgriff.*

Üben Sie diese Technik weiter gegen:

| | | |
|---|---|---|
| Handfassen | Diagonales Handgelenk fassen | Rückhandschlag |
| Gegenüberl. Handgelenk fassen | Beide Hände v. hint., Daum. inn. | Stockschlag von oben, eine Hand |

Der *A r m s t r e c k h e b e l  z u m  B o d e n* wirkt durch die Hebelung des Ellenbogengelenkes in Verbindung mit geschickten Zug- und Körperdrehbewegungen, die den Gegner aus dem Gleichgewicht bringen. Als Festlegegriff macht er den Gegner in der Endstellung absolut kampfunfähig.

*A r m s t r e c k h e b e l  z u m  B o d e n gegen Handgelenk diagonal fassen*

(251)

(252)

(256)

(257)

(258)

*(Fotos 251–258) Nach außen ausweichen und den gefaßten Arm im hohen Kreisbogen schwungv… zu Boden ziehen. Beachten Sie die richtige Drehbewegung!*

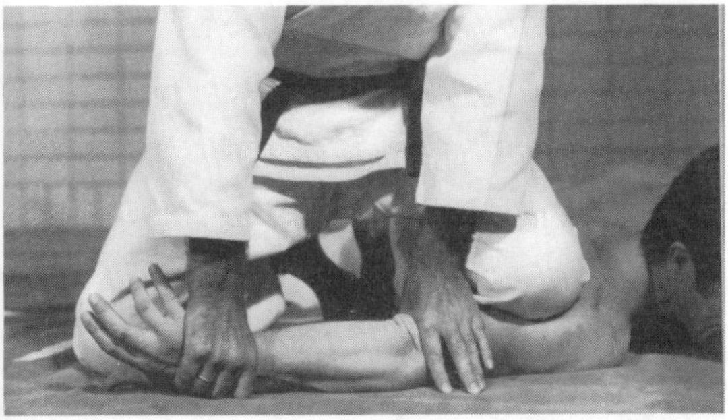

*(259) Streckhebel am Boden in der Endstellung. Der am Boden „festgenagelte" und gehebelte Arm kann noch zusätzlich mit dem Knie belastet werden.*

*A r m s t r e c k h e b e l z u m B o d e n gegen Griff in den Ärmel von hinten*

(260)

(261)

(262)

(263)

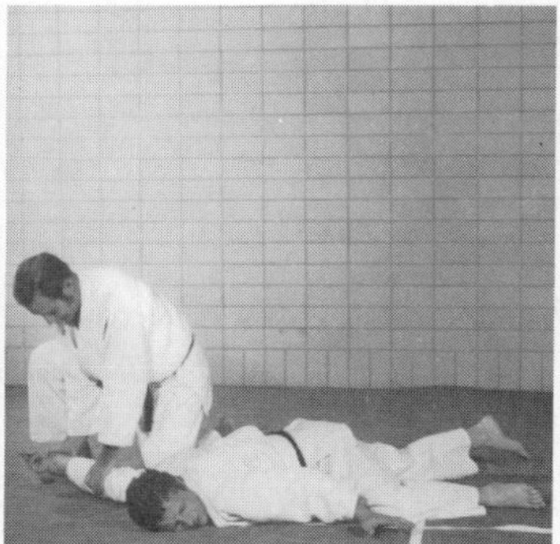

(264)

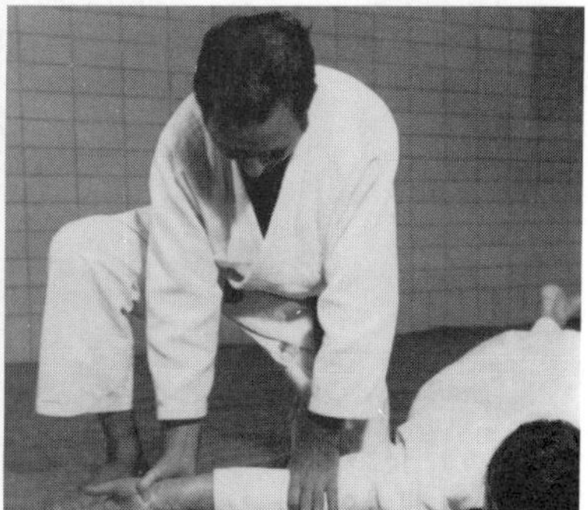

(265)

*A r m s t r e c k h e b e l z u m B o d e n (Fotos 260–265) gegen Griff in den Ärmel von hinten. Nach innen eindrehen, mit einem Handballenstoß zum Gesicht den Gegner schocken und damit einer weiteren Angriffshandlung vorbeugen. Übergreifen zum Handgelenk und Brechen des Gleichgewichtes durch Zug nach unten.*

*Armstreckhebel zum Boden gegen einhändige Würge von vorne und Schlag*

*(Fotos 266–267) Körper abdrehen nach der „toten Seite", Grifftechnik wie oben mit Zug zum Boden*

*Armstreckhebel zum Boden gegen Stockschlag von oben mit einer Hand*

*(Foto 268) Ausweichen nach außen und Ableiten des Schlagarmes*

*(Foto 269) Weiterführen mit bekannter Grifftechnik zum Boden*

Üben Sie diese Technik weiter gegen:

Gegenüberl. Handgelenk fassen
Beide Hände fassen ein Handgel.
Beid. Hände fass. beid. Handgel.
Beide Hände v. hint., Daum. inn.
Griff in den Ärmel von vorn
Griff in die Revers, beidhändig
Griff zur Krawatte und Schlag
Kragenfassen von hinten
Griff in die Haare von vorn
Griff in die Haare von hinten
Würge von vorn, beide Hände
Würge v. der Seite, beide Hände
Würge von hinten, beide Hände
Ohrfeige
Gerader Fauststoß
Aufwärtshaken
Rückhandschlag
Schwinger
Stockschlag von innen
Stockschlag von außen
Stockschlag v. oben, beidhändig
Stockstich
Messerstich von oben
Messerstich von unten
Messerstich von außen
Messerstich von innen
Florettstich
Pistolenangriff vorn, nah
Pistolenangriff hinten, nah

Der *G e n i c k h e b e l* wird als Dreh-, Streck- oder Beugehebel ausgeführt. Er kann zu Lähmungen führen oder sogar lebensgefährliche Folgen haben, wenn durch eine ruckartige, kraftvolle Verdrehung des Kopfes eine Luxation der Genickwirbel eintritt. Daher Vorsicht beim Üben!

*G e n i c k h e b e l gegen Würge von vorne mit beiden Händen*

(Foto 270) Griffansatz am Kopf

(Foto 271) Abwurf des Gegners

*G e n i c k h e b e l gegen Würge im Boden, Gegner im Reitsitz*

(Fotos 272–273) Hebelansatz mit Abwurf oder Überrollen des Gegners.

Üben Sie diese Technik weiter gegen: Körperumkl. v. vorn unt. d. Arm.
Würge i. Boden, Gegner v. hinten
Würge Gegner zw. d. Bein., Bod.

Der *K l e i n e  E i n g a n g s w u r f* wird zu einer rasanten Wurftechnik mit Schockeffekt, wenn man explosionsartig in den Angriff des Gegners hineingeht. Der ganze Körper ist einzusetzen und gegen den Gegner zu katapultieren. Auch die Arme werden zielgerecht eingesetzt. Je stärker der Eingang, je mehr wird der Gegner zurückgeschleudert und fällt hart zu Boden.

(274)

(275)

(276)

*K l e i n e r  E i n g a n g s w u r f (Fotos 274–275) gegen Handgelenk gegenüberliegend fassen. Der gefaßte Arm wird vor dem Gegner hochgeschraubt mit dem Handteller nach oben. Seitlich mit dem Unterkörper am Gegner vorbei, rammt der Oberkörper in den Gegner hinein. Der linke Arm wird gegen den Hals geschleudert, die rechte Hand schlägt mit der Handkante zum Solar Plexus*

*K l e i n e r  E i n g a n g s w u r f (Foto 276) gegen Stockschlag von oben beidhändig*
*In den weit von hinten ausgeholten Schlag hinein erfolgt der Eingang rechtzeitig und erreicht den Gegner unter seinem Schwerpunkt, hebt ihn aus und wirft ihn zurück.*

Üben Sie diese Technik weiter gegen:

| | | |
|---|---|---|
| Beide Hände fassen ein Handgel. | Würge v. der Seite, beide Hände | Fußtritt von unten vorn |
| Griff in den Ärmel von vorn | Würge von hinten, beide Hände | Stockschlag von oben, eine Hand |
| Griff in den Ärmel von hinten | Ohrfeige | Stockschlag von außen |
| Kragenfassen von hinten | Schwinger | Stockstich |

Der *Fersenrückwurf* ist eine Verteidigungstechnik aus der Bodenlage gegen einen aus dem Stand angreifenden Gegner. Der Verteidiger ist zum Beispiel durch Stoß, Schlag oder Stolpern in die Bodenlage geraten. Er muß sich durch geschicktes Bewegen am Boden in korrekter Verteidigungsstellung halten, aus der heraus unter anderem der Fersenrückwurf gelingt. Voraussetzung ist, daß der Angreifer dem am Boden liegenden Verteidiger nahekommt.

*Fersenrückwurf (Fotos 277–278) gegen Schlägerangriff*
*Der Wurf kommt zustande, indem man das vordere Standbein des Angreifers in der Richtung von der Ferse zu den Fußzehen dicht über den Boden wegzieht und gleichzeitig den Oberkörper des Angreifers mit einem Fußstoß zurückdrängt.*

Die *Große Außensichel* zählt zu den erfolgreichsten Judo-Kampfwürfen. Das Gleichgewicht des Angreifers wird durch starken Druck schräg rückwärts gebrochen und das Standbein von hinten weggefegt bzw. – um in der Fachsprache zu bleiben – weggesichelt. In der Selbstverteidigung fassen wir bei der Wurfausführung den Gegner nicht „brav" am Jackenärmel und -kragen – wie im Judokampfsport üblich –, sondern brechen das Gleichgewicht rückwärts durch starken Schlag, Zug oder Druck einerseits abwärts auf den Arm und andererseits durch Handballenstoß oder -druck aufwärts gegen das Kinn bzw. Gesicht oder Hals.

*Große Außensichel (Fotos 279–280) gegen Griff in die Revers bzw. Würge von vorne beidhändig. Gleichgewicht brechen durch Zug und Druck. Wurfausführung durch Wegsicheln des Standbeines*

*Große Außensichel (Fotos 281–282) gegen Stockschlag von außen. Abfangen des Schlages mit Handkantenblock von innen und sofortiger Wurfansatz mit starkem Körpereingang und -kontakt sowie Gleichgewichtbrechen rückwärts*

Üben Sie diese Technik weiter gegen:

Gegenüberl. Handgelenk fassen
Beid. Hände fass. beid. Handgel.
Griff in den Ärmel von vorn
Griff in den Ärmel von hinten
Griff zur Krawatte und Schlag

Kragenfassen von hinten
Körperumkl. v. vorn üb. d. Armen
Würge v. vorn, eine Hand u. Schl.
Würge von vorn, beide Hände
Ohrfeige
Gerader Fauststoß

Aufwärtshaken
Schwinger
Schlägerangriff
Stockschlag von oben, eine Hand
Stockschlag v. oben, beidhändig

## Freie Abwehr „angesagter“ und „freier Angriffe“

Setzen Sie jetzt die gelernten Techniken nach freier Wahl zur Verteidigung gegen „angesagte Angriffe“ ein. Wenn Sie sich dann ganz sicher fühlen, versuchen Sie das gleiche gegen „freie Angriffe“, das heißt, der Partner sagt Ihnen den Angriff nicht erst an, sondern überrascht Sie damit. Testen Sie Ihre Reaktion und Ihre Griff-, Schlag- und Wurfsicherheit.
Üben Sie rechts und links. Linkshänder sind gefährliche Angreifer und gar nicht so selten.

*Abwehr eines bewaffneten Angreifers mit Stockwürge, Fußfeger und Rückriß (siehe Ju-Jutsu 3: Spezialtechniken).*

*Das Bild rechts zeigt einen Kipphandhebel gegen einen Messerstich von unten. Die Aufnahme macht deutlich, daß der Hebel mit Schwung ausgeführt werden muß (Programm 4. Kyu-Grad).* ▶

Das *Handfegen* wird dann angewendet, wenn es gilt, einen Schlag oder Tritt abzuleiten. Der Vorteil dieser Technik liegt darin, daß ein rasches Zufassen ermöglicht wird und damit der Angreifer schnell unter Kontrolle gebracht werden kann.

Die Handfläche trifft auf den angreifenden Arm bzw. das Bein und fegt in der Bewegungsrichtung weiter. Viel Beachtung muß hierbei dem Ausweichen geschenkt werden.

*Handfegen (283) gegen geraden Fauststoß zum Gesicht*

*(284) Ausweichen nach außen, Fegen*

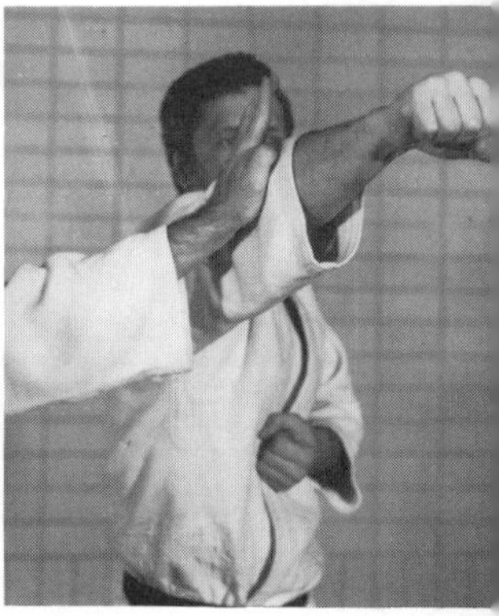

*(285) Die Fingerspitzen zeigen nach oben*

*Handfegen (Foto 286) gegen Fußtritt von vorn*

*(Foto 287) Körperdrehung, Bein wegfegen. Die Fingerspitzen zeigen zum Boden*

Üben Sie diese Technik auch gegen:

| | | |
|---|---|---|
| Würge v. vorn eine Hand u. Schl. | Kniestoß | Florettstich |
| Fußtritt von der Seite | Stockstich | Pistolenangriff vorn, nah |

Der *F a u s t s t o ß* ist die häufigste Angriffstechnik im Karate. Um eine höchstmögliche Wirkung zu erzielen, ist der Schlag auf kürzestem Wege mit größter Kraft und Schnelligkeit geradlinig gegen einen empfindlichen Körperteil zu placieren. Wir unterscheiden den geraden Faustst0ß und den umgekehrten, geraden Fauststoß (siehe hierzu: „Härtetraining am Schlagpfosten"). Erreicht die Faust das Ziel kreis- oder bogenförmig spricht man vom *F a u s t - s c h l a g .*

*F a u s t s t o ß (Foto 288) gegen Messerstich von oben. Ausweichen nach außen und Handkantenblock*

*(Foto 289) Fauststoß zur Schläfe des Angreifers*

*F a u s t s t o ß (Foto 291) gegen Messerstich von oben. Ausweichen nach innen Handkantenblock*

*(Foto 292) Fauststoß zum Gesicht des Angreifers*

(Foto 290) *Handrücken und Unterarm bilden eine Linie*

*F a u s t s t o ß* (Foto 293) *gegen Florettstich*

(Foto 294) *Ausweichen nach außen, Handfegen*

(Foto 295) *Fauststoß zum Gesicht des Angreifers*

## Üben Sie diese Technik auch gegen:

Handfassen
Gegenüberl. Handgelenk fassen
Diagonales Handgelenk fassen
Beide Hände fassen eine Hand
Beide Hände v. hint., Daum. inn.
Griff in den Ärmel von vorn
Griff in den Ärmel von hinten
Griff in die Revers, beidhändig
Griff zur Krawatte und Schlag
Kragenfassen von hinten
Griff in die Haare von vorn
Schwitzkasten von vorn
Schwitzkasten von der Seite
Würge v. vorn, eine Hand u. Schl.
Würge von vorn, beide Hände
Würge Gegner zw. den Beinen
Würge Gegner von hinten, Boden
Ohrfeige
Gerader Fauststoß
Aufwärtshaken
Rückhandschlag
Schwinger
Schlägerangriff
Fußtritt von unten vorn
Fußtritt von der Seite
Kniestoß
Stockschlag von oben, eine Hand
Stockschlag von innen
Stockschlag von außen
Stockschlag v. oben, beidhändig
Stockschlag gegen die Beine
Stockstich
Messerstich von unten
Messerstich von außen
Messerstich von innen
Pistolenangriff vorn, nah
Pistolenangriff hinten, nah

Der *K o p f s c h l a g* ist dann anzuwenden, wenn Angreifer und Verteidiger zu einem Körper-Kontakt kommen und die Arme des Verteidigers in ihrer Bewegungsfreiheit behindert sind. Mit dem Kopfschlag soll ein Schock ausgeübt werden, der den Angreifer für einen Moment ablenkt, so daß eine Folgetechnik ausgeführt werden kann. Ein ungünstiges Größenverhältnis stellt allerdings die Ausführung in Frage.

*Kopfschlag (Foto 296) gegen Körperumklammerung von vorn über den Armen*

*(Foto 297) Kopfschlag mit der Stirn zur Nase des Angreifers*

*opfschlag (Foto 298) gegen Körperumklammerung von hinten über den Armen*

*(Foto 299) Kopfschlag mit dem Hinterkopf*

Üben Sie diese Technik auch gegen:

Beid. Hände fass. beid. Handgel.
Griff in die Revers, beidhändig
Schlägerangriff
Stockschlag v. oben, beidhändig

Wie der Name – G r i f f s p r e n g e n – schon aussagt, ist eine gewaltsame, explosionsartige Befreiung aus einem Festhaltegriff hiermit gemeint. Der Erfolg der Technik wird weitgehend von der eigenen Bewegung bestimmt.

*G r i f f s p r e n g e n (Foto 300) gegen Griff in den Ärmel von hinten*

*(Foto 301) Dem Angreifer zudrehen und die Hand (Unterarm) unter seinem Arm hindurch nach oben führen*

*(302) den Arm in Richtung zum eigenen Körper ruckartig herunterreißen, löst den Griff*

*G r i f f s p r e n g e n (303) Würge von vorn mit beiden Händen*

*(304) Beide Arme nach oben kräftig durchstoßen*

Üben Sie diese Technik auch gegen:

Griff in die Revers, beidhändig
Doppelnelson
Würge Gegner im Reitsitz, Boden
Würge Gegner zw. d. Bein., Bod.
Würge Gegner von hinten, Boden

Die Schwäche und Empfindlichkeit des Handgelenkes machen auch den *H a n d b e u g e h e b e l* zu einem sehr wirkungsvollen Abwehrgriff, mit dem wir den Angreifer gut unter Kontrolle halten können. Die Hand wird in Richtung der Innenseite des Unterarmes schmerzhaft gebeugt.

*l a n d b e u g e h e b e l Foto 305) gegen Schwitz- asten von vorn. Schock durch einen Fingerstich ı die Hoden*

*(Foto 306) Erfassen der Hand und Griff lockern*

*'oto 307) Nach innen herausdrehen, dabei die and mitnehmen*

*(Foto 308) Zurücktreten und durch den Druck beider Daumen am Mittelhand-Knochen die Hand auf den Angreifer zubeugen*

*(309) gleich in der Wirkung, jedoch gegen einen starken Gegner besser geeignet, ist diese Griffhaltung*

*H a n d b e u g e h e b e l (310) gegen Würge von vorn mit einer Hand und Schlag. Abblocken des Schlages, die andere Hand ergreift die Hand des Gegners am Hals.*

*(311) Unter gleichzeitigem Zurücktreten wird die Hand vom Hals gelöst*

*(312) Handbeugehebel durch de Druck der Handfläche auf de Handrücken (Fingerwurzel) de Angreifers – eine weitere Mö lichkeit, den Handbeugeheb auszuführen*

## Üben Sie diese Technik auch gegen:

Handfassen
Diagonales Handgelenk fassen
Beide Hände v. hint., Daum. inn.
Griff in die Revers, beidhändig
Körperumkl. v. hint. unter d. Arm.
Schwitzkasten von der Seite
Würge v. vorn mit beiden Händen
Würge v. d. Seite m. beid. Händ.
Aufwärtshaken
Rückhandschlag
Stockschlag von oben, eine Hand
Stockschlag von innen
Messerstich von außen

13)

(314)

*(313) Handbeugehebel gegen Messerstich von unten.*

*(314) Ausweichen und Messerarm am Handgelenk erfassen, gleichzeitig Schock zum Gesicht.*

*oto 315) Einen Schritt zurückgehen, vom Gegner eg*

*(Foto 316) Der Handbeugehebel öffnet die Hand und läßt das Messer zu Boden fallen (Abnehmen von Waffen)*

Aus dem Handbeugehebel entwickeln wir den *Handbeugetransportgriff.* Einmal gelungen und den Arm richtig eingeklemmt, ist er als Transportgriff einer der sichersten.

*H a n d b e u g e t r a n s p o r t g r i f f* (Fotos 317–319) gegen Stockschlag

*Ausweichen und mit der rechten Hand das Handgelenk, mit der linken in die Ellenbogenbeuge fassen. Die linke Hand zieht den Arm bei, die rechte beugt die gegnerische Hand ein und drückt den Ellenbogen in die eigene Achselhöhle. Inzwischen ist der linke Arm unter dem des Angreifers durchgeführt worden. Durch Druck auf den Handrücken wirkt der Hebel und der Gegner wird mühelos abgeführt.*

Die Wirkung des *A r m s t r e c k h e b e l s  ü b e r  d i e  S c h u l t e r* beruht auf der Überdehnung des Ellenbogengelenks, wobei die eigene Schulter als Unterstützung dient. Bei diesem Hebel ist es durch die schnelle, eigene Körperdrehung, das Hoch- und wieder Herunterreißen des Armes leicht möglich, daß der Arm bricht, deshalb Vorsicht beim Üben. Beachten Sie, daß der rechte Arm über die eigene linke Schulter gezogen wird.

(320) (321) (322) (323)

*(320) Beide Handgelenke sind gefaßt. Nach außen nachgeben. (321) Hände wieder zusammenführen und Handgelenk des Angreifers fassen. (322) Eindrehen und den Arm hochreißen. (323) Nach vorn und unten ziehen, dabei den Arm zur Daumenseite hin verdrehen und hebeln.*

*Armstreckhebel über die Schulter (324) gegen Pistolenangriff von vorn, nah*

*(325) Körperabdrehen und Handfegen, Fauststoß zum Gesicht*

(324)

(325)

*(Foto 326) Arm hochführen und selbst eindrehen*

*(Foto 327) Arm über die Schulter ziehen und Pistole entwinden*

(326)

(327)

## Üben Sie diese Technik auch gegen:

| | | |
|---|---|---|
| Handfassen | Würge v. vorn mit beiden Händen | Stockschlag von oben, eine Hand |
| Gegenüberl. Handgelenk fassen | Ohrfeige | Stockschlag von innen |
| Diagonales Handgelenk fassen | Gerader Fauststoß | Stockschlag von außen |
| Beide Hände fassen ein Handgel. | Rückhandschlag | Messerstich von innen |
| Würge v. vorn, eine Hand u. Schl. | Schwinger | |

Auch der *Kippstreckhebel* wirkt durch die Überdehnung des Ellenbogengelenkes. Als Judo-Technik im sportlichen Wettkampf oft angewendet, ist er auch in der Selbstverteidigung sehr gut zu gebrauchen, um den Angreifer in der Bodenlage rasch unter Kontrolle zu bringen.

*Kippstreckhebel (328) gegen Würge, Gegner zwischen den Beinen*

*(329 Griff (Fingerstich) ins Gesicht und rechten Fuß einstemmen. Die rechte Hand umfaßt des Gegners rechtes Handgelenk*

*(330) Den eigenen Oberkörper wegdrehen und dabei das Bein vor des Angreifers Gesicht schlagen und dann strecken*

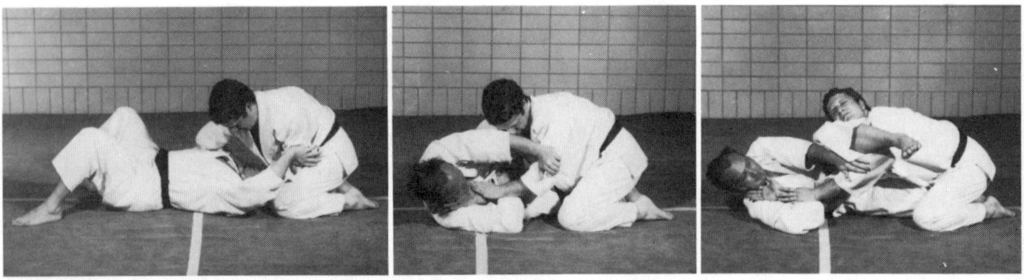

*Kippstreckhebel (331–333) gegen Würge, Gegner von hinten. Die Arme des Angreifers in Ellenbogenhöhe erfassen, dann links drücken und rechts ziehen, dabei den eigenen Unterkörper nach rechts drehen, bis das Knie bzw. der Fuß wie oben beschrieben eingestemmt werden kann. Endstellung wie oben dargestellt.*

Üben Sie diese Technik auch gegen:

Würge Gegner seitlich, Boden

Der *Seitstreckhebel* wird dann ausgeführt, wenn der Angreifer sich gegen den Kippstreckhebel wehrt, indem er seinen Körper aufrichten will. In diesem Fall folgen wir der Kraftrichtung und unterstützen mit dem linken Bein die Aufwärts-(Rückwärts-) Bewegung.

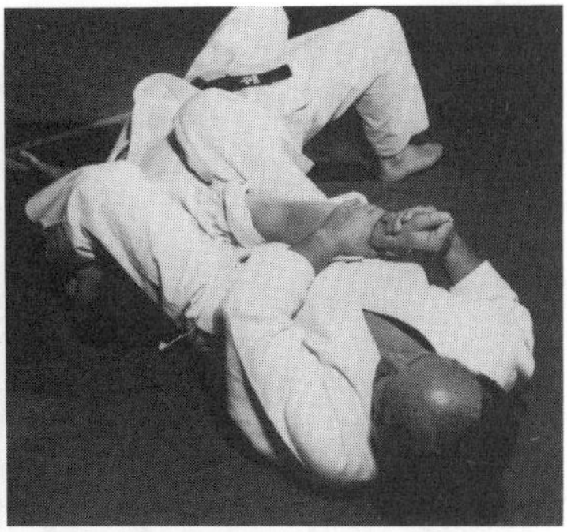

*eitstreckhebel (334) egen Würge, Gegner zwischen en Beinen. Seinen rechten Arm mfassen und nach hinten umippen*

*(335) Des Gegners Arm so heranziehen, daß sein Ellenbogen möglichst weit über die Unterstützung, die eigene Leiste, hinausgeht*

*(336) Die Knie möglichst zusammen, damit der Arm fest eingeklemmt wird; den Arm nach der Kleinfingerseite leicht verdrehen und hebeln*

Üben Sie diese Technik auch gegen: Würge Gegner seitlich, Boden
Würge Gegner v. hinten, Boden

Mit dem *Beininnenhebel* kann sich der Verteidiger erfolgreich wehren, wenn er zu Boden gestoßen wurde und der Angreifer auf ihn zukommt. Der Hebel wird am vorstehenden Bein des Gegners angesetzt.

*Beininnenhebel (Foto 34) gegen einen Schlägerangriff. Der Verteidiger dreht sich auf die Seite und bringt seinen rechten Fuß (wenn der Gegner sein rechtes Bein vorgestellt hat) an die Außenkante des gegnerischen Fußes. Sein linker Fuß setzt in Höhe des Knies, innen gegen das Bein. (Foto 35) Durch Druck mit dem linken Fuß wird der Angreifer nach hinten umgeworfen*

Das *freie Würgen*, mit der Unterarmkante (Speiche) ausgeführt, macht einen Gegner durch den Druck auf den Kehlkopf oder die Halsschlagader schnell kampfunfähig. Wenn der Gegner gleichzeitig noch nach hinten heruntergezogen wird, ist es besonders wirkungsvoll.

*Freies Würgen gegen Fauststoß zum Gesicht*

*(Foto 337) Ausweichen und den Arm durch einen Block oder Handfegen ableiten*

*(Foto 338) Hinter den Gegner treten*

*(Foto 339) Dabei den rechten Arm an seinen Hals bringen*

*(Foto 340) Den Gegner an sich ziehen, damit sein Schwerpunkt nach hinten verlagert wird, den linken Fuß zurücknehmen und den eigenen Kopf als Widerstand gegen seinen Nacken drücken.*

F r e i e s W ü r g e n (Foto 341) gegen Stockschlag von oben, beidhändig

(Foto 342) Ausweichen, blocken oder handfegen

'Foto 343) Umgreifen, Unterarm vor des Gegners Hals bringen

(Foto 344) Zurücktreten und ziehen, Kopf in seinen Nacken stemmen

Üben Sie diese Technik auch gegen:

Diagonales Handgelenk fassen
Beide Hände v. hint., Daum. inn.
Würge v. vorn, eine Hand u. Schl.
Würge von vorn, beide Hände
Rückhandschlag
Stockschlag von oben, eine Hand
Stockschlag von innen
Stockstich

Der *S c h u l t e r w u r f*, einer der Judo-Würfe, die am häufigsten angewendet werden und zum Kampferfolg führen, ist auch sehr wirkungsvoll in der Selbstverteidigung. Die Beachtung des Judo-Prinzips, nämlich mit der Kraft des Gegners arbeiten, ist hierbei äußerst wichtig. Erst wenn das Gleichgewicht des Angreifenden gestört ist, gelingt auch der Wurf.

*S c h u l t e r w u r f (345) gegen Körperumklammerung von hinten über den Armen. Schock durch Fersentritt auf des Gegners Fuß*

*(346) Wenn sich die Arme lockern, faßt die linke Hand des Gegners rechten Arm, die rechte wird unter seinem Oberarm durchgestoßen*

*(347) und die Hüfte weit nach rechts durchgeschoben. Der Zug am Arm unter gleichzeitiger Drehung des Oberkörpers bringt den Angreifer aus dem Gleichgewicht*

*(348) weiterziehen bis der Angreifer über die Schulter geworfen auf seinen Rücken fällt*

(349)

(350)

*S c h u l t e r w u r f (349) gegen Stockschlag von oben mit einer Hand*

*(350) Den linken Fuß weit zurückführen und den eigenen Körper um 180° drehen, dabei den Schlagarm ergreifen*

*(Foto 351) Die Kraft des Schlages weiterführen und den Oberkörper nach links drehen*

*(Foto 352) Über die Schulter werfen*

## Üben Sie diese Technik auch gegen:

Griff in den Ärmel von vorn
Griff in die Revers, beidhändig
Körperumkl. v. hint. mit anheben
Würge v. vorn, eine Hand u. Schl.
Würge von vorn, beide Hände
Würge v. hinten. m. d. Unterarm
Ohrfeigen
Schwinger
Schlägerangriff
Stockschlag von außen

Der *B e i n r i ß* nutzt die Kraft eines Fußtrittes nach vorn aus und wird in der Trittrichtung weitergezogen. Der Gegner wird dadurch zum Spagat gezwungen. Beim Üben achten wir wegen der Verletzungsgefahr darauf, daß wir den Fuß etwas zur Seite nach vorn wegführen und so unserem Partner die Gelegenheit geben, seitwärts zu fallen.

*B e i n r i ß (353) gegen Fußtritt von vorn* *(354) Ausweichen und Fuß erfassen* *(355) In der Trittrichtung ziehen dabei selbst noch zurücktreten*

Üben Sie diese Technik auch gegen: Fußtritt von der Seite

Bei der *g r o ß e n I n n e n s i c h e l* wird der Angreifer nach rückwärts aus dem Gleichgewicht gebracht und sein Standbein weggesichelt. Dabei stoßen, drücken wir dem Angreifer mit der rechten Hand ins Gesicht. Der Druck oben und das Wegsicheln des Beines bringen ihn kurz und hart in die Rückenlage.

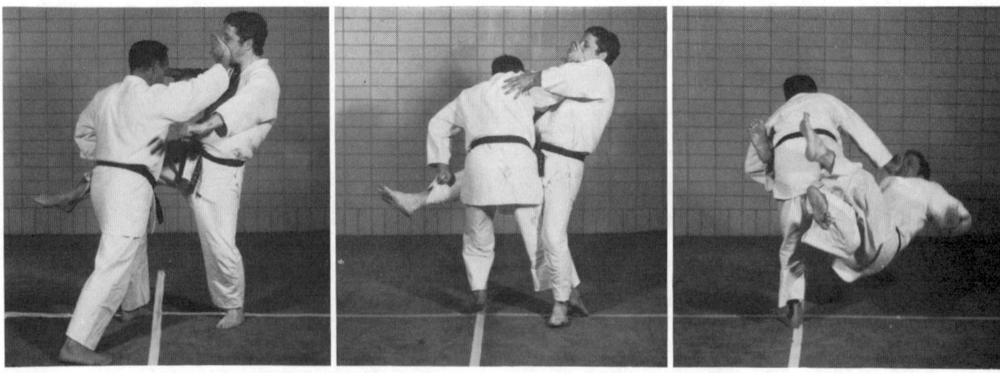

(356) (357) (358)

*G r o ß e I n n e n s i c h e l (Foto 356) gegen Fußtritt von der Seite. Innerer Eingang mit Schock. Beir erfassen. (Foto 357) Den eigenen Körper nach vorn schieben und Gleichgewicht brechen. (Foto 358 Mit dem rechten Bein das linke des Gegners wegsicheln.*

Üben Sie diese Technik auch gegen: Körperumkl. v. vorn unter d. Arm.
Schlägerangriff
Fußtritt von unten vorn

Das *Hüftrad* ist, richtig ausgeführt, ein äußerst rasanter Wurf, der gerade dann, wenn die Arme in ihrer Bewegungsfreiheit behindert sind, erfolgreich anzuwenden ist. Wichtig ist, daß die Hüfte weit nach der Seite durchgeschoben wird, damit sich der Gegner beim Wurf in einem großen Rad um die Hüfte dreht. Der Nachteil dieses Wurfes liegt darin, daß man meistens mitfallen muß. Deshalb sollte am Boden sofort eine weitere Technik – Schlag, Stoß oder Festlegegriff – ausgeführt werden, um den Angreifer endgültig kampfunfähig zu machen.

*Hüftrad (359) Körperumklammerung von hinten über den Armen*

*(360) Beide Hände fassen fest die Arme des Angreifers und klemmen sie ein während sich die Hüfte durchschiebt*

*(361) durch die weitere Drehung verliert der Angreifer sein Gleichgewicht und wird geworfen*

Üben Sie diese Technik auch gegen:

Körperumkl. v. hint. unter d. Arm. Körperumkl. v. hint. mit anheben Doppelnelson

*Auf einem Ju-Jutsu-Lehrgang für Danträger:*
*Armstreckhebel zum Boden. Festlegegriff mit Kniebelastung.*

# Kombinationen

Zur perfekten Selbstverteidigung gehört das sinnvolle Verbinden von Techniken zu einer Gesamtabwehrhandlung, z. B.

1) Ausweichen, Atemi, Hebel
2) Wurf und Atemi
3) Wurf und Hebel, Transportgriff oder Festlegegriff
4) Atemi, Wurf, Atemi.

Solche Verbindungen nennen wir eine Kombination. Dabei gehen wir von der Überlegung aus, daß nicht jeder Gegner „mit dem ersten Streich" erledigt ist. Vielleicht gelingt es erst mit der dritten Folgetechnik, ihn restlos kampfunfähig zu machen.
Die Kombination verfolgt ferner das Ziel, einen z. B. zuerst mit Block, Schlag oder Wurf abgewehrten Gegner abschließend mit einem schmerzhaften Hebel oder Transportgriff unter Kontrolle zu halten.
Als Übungsanleitung gelten folgende Beispiele, die Sie beliebig durch andere und weitere ergänzen können.

*Hinweis:* Es wurden überwiegend Techniken der Programme des 5. bis 3. Kyu-Grades kombiniert.

*Beachte:* Der Fingerstich zu den Augen als Abwehr gegen Würgeangriffe ist als sehr gefährliche Technik in jedem Fall berechtigt, wenn sich eine Frau solcher Angriffe zu erwehren hat.

*Schwitzkasten von vorne*

*Fauststoß oder Handspitzenstich in den Unterleib*

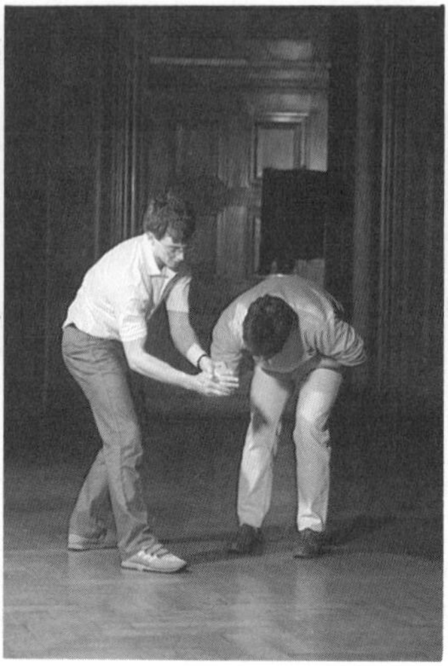

*Lösen der Umklammerung*

*Kipphandhebel*

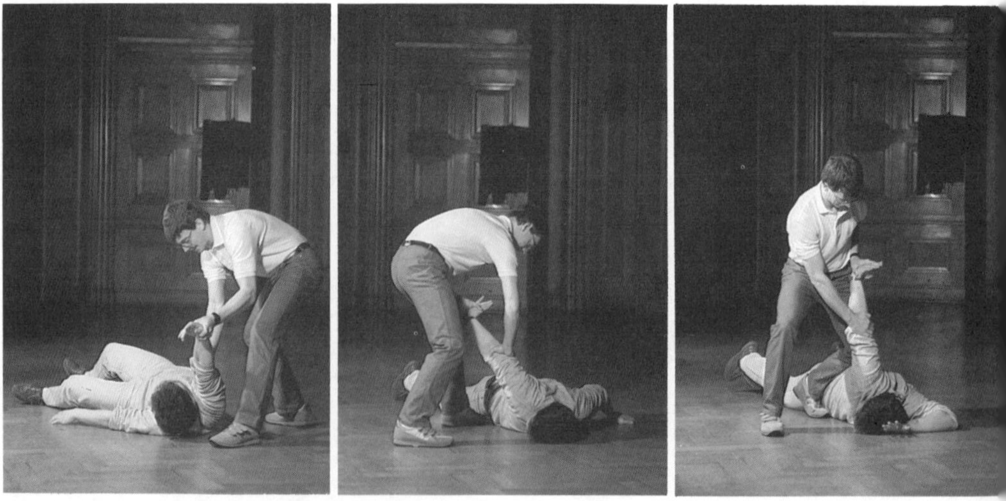

*Festlegen im Boden mit Handdrehbeugehebel*

## Zwei Angreifer: Umklammerung von vorne und hinten über den Armen

Handspitzenstich beiderseits in die Leisten

Kniestoß/-schlag in den Unterleib

Handkantenschlag nach unten/ hinten in die Hoden

Schulterwurf

Fingerstich (Handspitze) zur Halsschlagader

Armstreckhebel im Boden über den Oberschenkel

*Zwei Angreifer: Würge von vorne und Messerstich von oben*

*Würge von vorne*

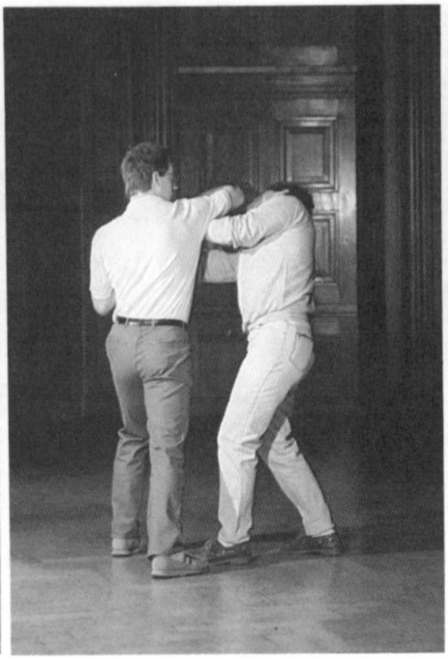

*Griffsprengen*

*Handkantenschlag zur Halsschlagader*

*Eingang zum Kreuzfesselgriff*

*Kreuzfesselgriff und gleichzeitig Fußstoß seitwärts*

*Zwei Angreifer: Fauststoß und Fußtritt*

*Kampfstellung*

*Unterarmblock nach außen*

*Handkantenschlag zum Hals*

*Faustschlag in die Nieren*

*Fußstoß seitwärts in die Kniebeuge und Haarzug rückwärts*

*Ellenbogenstoß abwärts*

*Zwei Angreifer: Stockschlag von oben und gerader Messerstich von vorne*

*Angriff mit dem Stock*

*Ausweichen und Schlagarm fassen*

*Armstreckhebel über die Schulter*

*Ellenbogenstoß rückwärts*

usweichen und Sticharm fassen

Handbeugehebel und Abnehmen der Stichwaffe

*Zwei Angreifer: Bedrohung mit einer Schußwaffe*

*Nötigung zur Tür-/Tresoröffnung mit Schußwaffe*

*Entwinden der Schußwaffe mit Handbeugehebel*

*Eigensicherung mit der Schußwaffe und Festlegen der Angreifer*

Nürge im Reitsitz in der Bodenlage

Fingerstich in die Augen

Abwerfen/-drehen des Angreifers

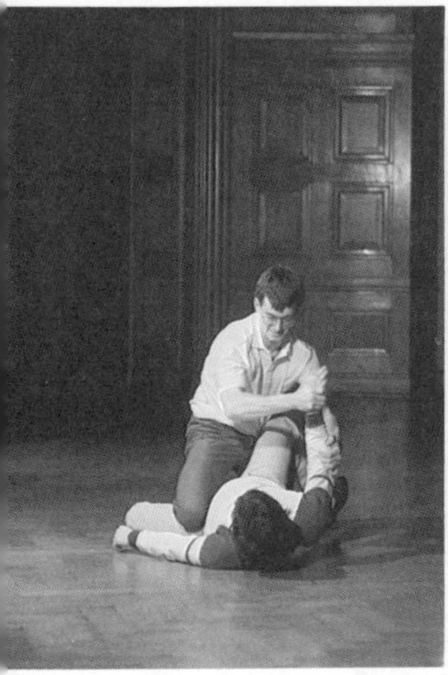
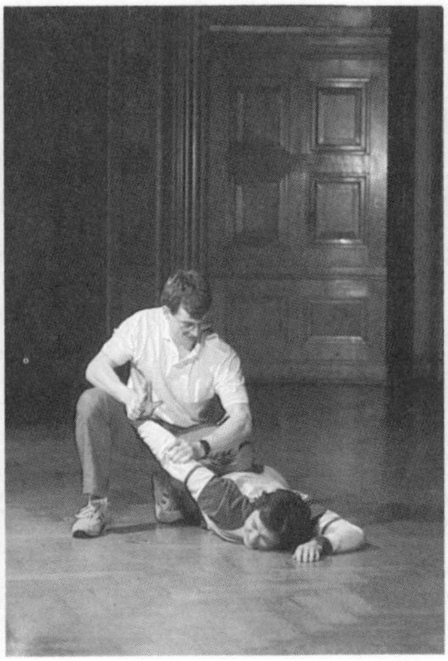
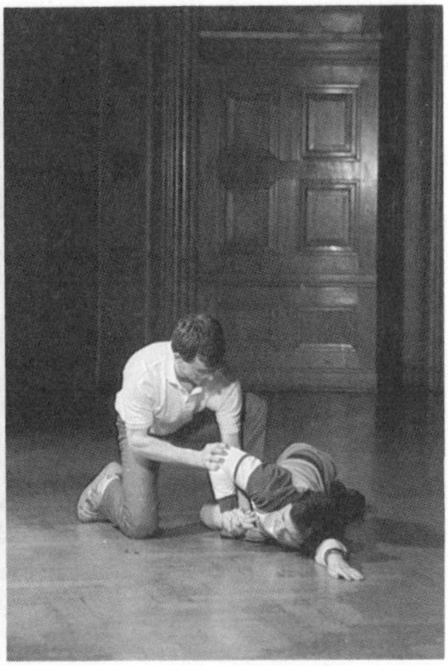

Nachrollen zum Armstreckhebel

Übergang zum Handbeuge-
transportgriff

*Würge im Boden, Angreifer zwischen den Beinen*

*Fingerstich zum Gesicht*

*Herausdrehen und Armstreckhebel mit dem Knie*

*Befreiung aus der Bodenlage mit Handdrehbeugehebel*

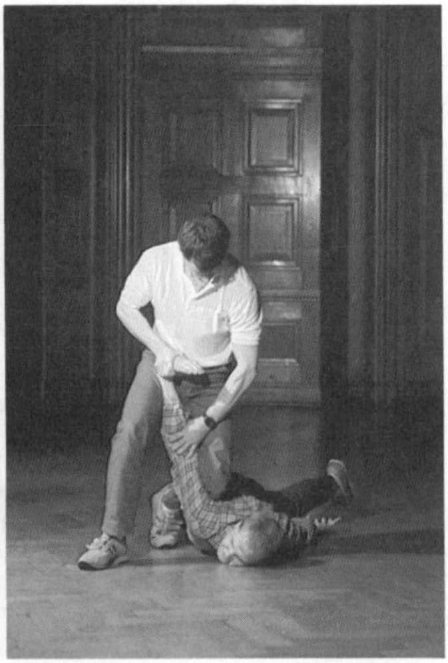

*Festlegen im Stand mit Handdrehbeugehebel*

*Würge im Boden von hinten*

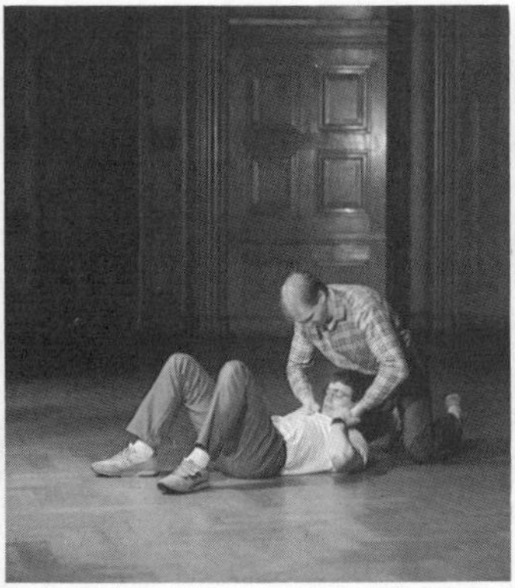

*Griff lockern*

*Kniestoß zum Kopf*

*Genickdrehhebel*

*Befreiung aus der Bodenlage*

*Fauststoß*

*Stockschlag von der Seite*

*Handkantenblock gegen Schlag-arm*

*Handkantenschlag zum Hals*

*Große Außensichel*

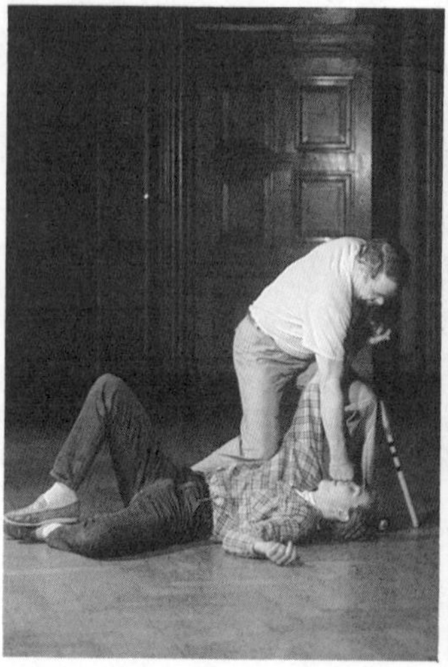

*Fauststoß nach unten*

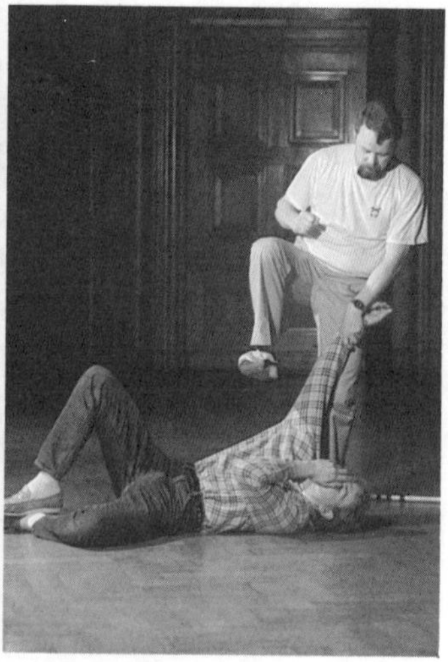

*Fußstoß abwärts*

Zwei Angreifer: Stockschlag von oben und Umklammerung von hinten

Fußstoß vorwärts

Ellenbogenstoß rückwärts

Hüftwurf

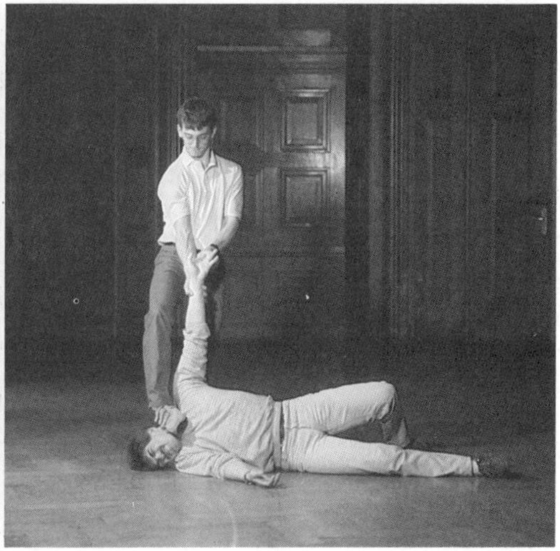

Festlegen mit Fingerhebel

# Moderne Technik und Konditionsschulung

Wenn Sie eine Technik eine Weile geübt haben, dann haben Sie den Bewegungsablauf in einer Grobform erworben, die gefestigt und so ausgebaut werden muß, daß die Bewegungsfertigkeit in „Fleisch und Blut“ übergeht. Können und Leistung wachsen nun einmal nur auf dem Boden systematischen, fleißigen Übens. Eine erlernte Bewegungsfertigkeit zu festigen und technisch richtig auszuformen, gehört zur modernen Technikschulung.
Die formgerechte Bewegungstechnik macht allerdings die Leistung noch nicht aus. Hinzu kommen müssen Beweglichkeit, Schnelligkeit, Kraft, Ausdauer, Gewandtheit usw. Diese Eigenschaften erwerben wir durch die Konditionsschulung, worunter außer der Gymnastik ein Training mit körperlicher Belastung zu verstehen ist.
Um mit der Selbstverteidigung im Ernstfall gegen einen oder mehrere körperlich überlegene Gegner Erfolg haben zu können, müssen wir die Technik- und Konditionsschulung in unser Training einbauen.
Wir empfehlen daher folgende Trainingsmethodik, die Sie zu einem optimalen Nutzeffekt in der Selbstverteidigung führt:

1. Die Techniken und deren Einzelelemente sind schulmäßig rechts und links zu erlernen, bis sie „sitzen“! Dabei ist auf zunehmende Griff-, Schlag- und Wurfsicherheit sowie korrekten Bewegungsablauf nach den gültigen Prinzipien zu achten.

2. Die Techniken sind zusammenhängend und flüssig aus der Bewegung erst langsam und dann schnell gegen einfache Angriffsarten zu üben.

3. Bei gleichbleibender Abwehrtechnik sind die Angriffsarten laufend zu wechseln. Die Verteidigung muß sich den unterschiedlichen Situationen anpassen und die Eingänge der Selbstverteidigungstechnik variieren.

4. Die Abwehrtechniken sind mit den Fallübungen nach vorne und rückwärts zu einem harmonischen Bewegungsspiel zu verbinden, damit Reaktion, Beweglichkeit, Körperbeherrschung erworben werden.

5. Die Techniken sind zu Kombinationen zu verbinden.

6. Die Abwehren sind gegen „freie Angriffe“ zu üben.

7. Gegen „freie Angriffe“ sind „freie Abwehrtechniken“ anzuwenden. Angreifer und Verteidiger sind zuvor festzulegen.

8. Wechselseitiges Üben: Die Angriffe sind noch erkennbar vorzutragen. Nichts ist festgelegt. Alles kommt aus dem Augenblick. Kraftlos und entspannt, aber flott üben, keinen Widerstand leisten, sich in die Bewegung einfügen. Griffe ansetzen, ausweichen aus der jeweiligen Situation heraus. Es kommt hierbei nur auf das Entwickeln sicherer Reflexe an, auf das instinktive Erkennen der Gelegenheiten, auf das unbewußte, fast traumhafte der jeweiligen Situation entsprechende Handeln.
   Durch längeres, intensives Üben dieser Art wird eine starke körperliche Belastung und damit ein optimaler Trainingseffekt erreicht.

9. Kampf: Jeder versucht, den anderen mit Angriff oder Verteidigung zu überraschen, um einen Vorteil zu gewinnen. Schläge, Stöße und Tritte sind genau zu plazieren, aber rechtzeitig vor dem Ziel abzustoppen. Hebeltechniken dürfen nicht ruckartig durchgezogen werden.
   Auf dieser letzten Stufe wird wegen der Gefährlichkeit des Übens eine hohe Anforderung an die Disziplin des einzelnen Schülers gestellt.

Wenn wir die Grundschule der Selbstverteidigung als sicheren Besitz haben, erreichen wir mit der vorstehenden Trainingsmethodik eine reflexartige Selbstverteidigung, mit der wir gefährlichen Situationen ruhig entgegensehen können.

# Härtetraining am Schlagpfosten

Bitte, nicht erschrecken; wir wollen Sie nicht zum Supermann erziehen. Sie dürfen auch künftig zu Hause Ihr Holz weiterhin mit dem Beil spalten und brauchen keine Steine mit der Handkante zu zertrümmern.
Trotzdem empfehlen wir ein bescheidenes Härtetraining am Schlagpfosten aus mehreren wichtigen Gründen:

1. Das Üben von Atemi-Techniken in die Luft ist mit dem Trockenschwimmen vergleichbar. Das richtige Gefühl für eine wirkungsvolle Technik erzielen wir erst mit einem Training, bei dem die Schläge, Tritte und Stöße statt ins Leere mit voller Kraft ein Ziel treffen.

2. Treffsicherheit, Schlagkraft und Schockeffekt, Standfestigkeit, Muskelkontrolle, Atmung und Distanzeinschätzung – alles wird durch das Üben am Schlagpfosten entscheidend verbessert.

3. Das Kräftigen der Gliedmaßen, das Abhärten der auftreffenden Flächen – Faustknöchel, Handkanten, Ellenbogen usw. – sind notwendig, um sich beim Training nicht unnötig zu verletzen.
   Schwache Hand- und Fußgelenke knicken leicht um, eine weiche Handkante kann nicht hart blocken, an einer nicht gehärteten Faust verstauchen sich leicht die Knöchel, wenn beim Randori oder Kampf – der gehobenen Übungsstufe des Ju Jutsu – am Körper getroffen wird oder der Schlag auf einen Block aufläuft.

4. Das Härtetraining ergänzt die zuvor beschriebene Konditionsschulung. Üben Sie alle Schläge und Tritte anfangs 10mal rechts und links, später 25- bis 50mal; zuerst langsam, dann immer schneller und kraftvoller. Nach einem schnellen Stoß warten Sie mindestens 5 Sekunden bis zum nächsten. Sie werden den Kraftzuwachs in kurzer Zeit deutlich spüren.

Und nun üben wir

## ▮. Umgekehrter Fauststoß aus der Angriffsstellung

ˈFotos 440–441) Gestoßen wird mit den Knöcheln von Zeige- und Mittelfinger. Die Faust ist fest ːu schließen. Der Körper steht ganz entspannt; nur im Moment des Auftreffens sind die Muskeln ɫes ganzen Körpers maximal anzuspannen. Danach stehen wir wieder ganz locker. Die Entfernung ꞉st anfänglich so zu wählen, daß die Knöchel das Polster des Schlagpfostens gerade berühren. Ꞩpäter liegt der Zielpunkt etwa 3 cm tiefer.

Ꞵeim Vorgleiten der Faust – dicht am Körper entlang – wird die Hüfte stark nach vorn geschoben, ꞉o daß der Körper aus der schrägen Stellung in eine frontale Stellung kommt. Die Faust wird vor ɫem Ziele um 180 Grad gedreht, der Handrücken zeigt nach oben. Die andere Hand geht zur Ⱨüfte zurück.

2. *Handaußenkante, Schlag nach außen*

*(Fotos 442–443) Sie stehen im rechten Winkel zum Schlagpfosten in der linken Verteidigungsstellung. Die linke Hand schlägt im großen Bogen – von der rechten Kopfseite kommend – zum Schlagpolster. Der Körper wechselt in die Aktionsstellung. Beim Auftreffen werden Hand und Arm so gedreht, daß der Handrücken aufwärts zeigt. Die rechte Hand geht in einer koordinierten Bewegung zur Hüfte und schließt sich zur Faust.*

3. *In der gleichen Weise üben Sie den Handrückenschlag. Der gespannte Handrücken trifft das Schlagpolster.*

*Ellenbogenstoß rückwärts*

*(Fotos 446–447) Sie stehen mit dem Rücken zum Schlagpolster; der weit vorgestreckte linke Arm wird eng am Körper vorbei zurückgestoßen. Die Faust ist geschlossen. Die Hand dreht beim Stoß um 180 Grad und zeigt in der Endstellung mit dem Handrücken nach unten. Der rechte Arm macht die Bewegung in umgekehrter Richtung mit.*

*5. Fußtritt vorwärts aus der linken Verteidigungsstellung*

*(Fotos 448–449) Der rechts zurückgestellte Fuß wird im Knie nach oben angezogen, kraftvoll zu Schlagpolster geschnappt und rückwärts wieder abgesetzt. Der Tritt zielt mit dem Fußballen die Tiefe.*

*6. Fußstoß seitwärts aus der seitlichen Verteidigungsstellung*

*(Fotos 450–451) Das Knie wird zum Körper hochgezogen und das Bein dann seitlich mit der Fuß-außenkante gegen das Schlagpolster gestoßen.*

Im Rahmen dieses Buches wurden nur die wichtigsten Atemi aus dem 5. bis 3. Kyu-Grad demonstriert. Üben Sie selbst weitere Varianten, z. B.

*Handaußenkantenschlag nach innen*

(444)

(445 a)

(445 b)

*Halbkreisfußtritt vorwärts*

(452)

(453)

# Schocken

Ein Schock bedeutet eine plötzliche Erschütterung und schwere Störung des Nervensystems und der Kreislauforgane.
Der Geschockte befindet sich in einem Zustand verminderter Lebenskraft mit herabgesetzten Lebensfunktionen, besonders des Blutdrucks und der Atmung. Endstadien eines schweren Schockes sind die Ohnmacht, in sehr ernsten Fällen sogar der Tod.

Für das Schocken – ein wichtiges Teilgebiet der Selbstverteidigung – gibt es zahlreiche technische Varianten mit mehr oder weniger starker Wirkung. Alle verfolgen das Ziel, den Gegner entweder mit einem Streich kampfunfähig zu machen oder ihn im „Schongang“ bei seinem Angriff zu irritieren, abzulenken, seinen Krafteinsatz – besonders bei Umklammerungen – zu brechen, um ihn dann mit einer Folgetechnik außer Gefecht zu setzen.
Das Schocken verursacht beim Angreifer zumindest eine Schrecksekunde, in der seine Aufmerksamkeit und Reaktion gelähmt sind. Je unerwarteter und heftiger den Angreifer die Schocktechnik trifft, um so stärker ist die Wirkung.

Was sind nun Schocktechniken?

1) ATEMI
In erster Linie sind es die Schläge, Tritte und Stöße (Atemi). Die Vielzahl der Atemi-Techniken und -Punkte sind dem Kapitel „Empfindliche Stellen am menschlichen Körper“ zu entnehmen.

2) Würfe
Auch Würfe verursachen auf hartem Untergrund mehr oder weniger starke Schockwirkungen. Mit einer nachfolgenden Hebeltechnik bringt man dann einen Angreifer leicht endgültig unter Kontrolle.

3) Sonstige Schocktechniken
Leichtere Schockwirkungen erzielen wir durch
Anschreien,
Anpusten,
Werfen mit Gegenständen (z. B. Hut, Taschentuch, Schlüsselbund, Handtasche usw.).

Anschreien:
Der Kiai ist als Kampfschrei in allen Budotechniken bekannt. Physiologisch ist dieser Schrei ein stimmhaftes Ausstoßen der Luft im Moment höchster Kraftentfaltung. In den Budokünsten werden in diesem entscheidenden Augenblick Körper, Geist und Seele zu einem Ganzen verbunden und damit zur größtmöglichen Wirkung vereint.
Als Nutzanwendung in der Selbstverteidigung erzielen wir mit dem Anschreien des Gegners im Sinne eines solchen Kiai einen Schockeffekt. Der Schrei muß plötzlich, zielbewußt, energisch und kraftvoll ausgestoßen werden, gefolgt von der die Schrecksekunde nutzenden Verteidigungstechnik.

Anpusten:
Ein kurzes Anpusten – trocken oder auch feucht – irritiert den Gegner nur für eine Sekunde, reicht aber schon, um diesen kurzen Moment der Ablenkung erfolgreich für eine nachfolgende Technik auszunutzen.

Werfen mit Gegenständen:
Als alter Trick gilt, den Hut zu ziehen und diesen dem Gegner unmittelbar ins Gesicht zu werfen; oder in die Tasche zu greifen und hieraus ein Taschentuch oder einen Schlüsselbund dem Angreifer ins Gesicht zu schleudern. Eine kurze Ablenkung nur, die aber für einen schnell folgenden Gegenangriff ausreicht.
Frauen haben die Möglichkeit, solche und andere Gegenstände aus der Handtasche heraus zu werfen oder die Tasche, den Regenschirm usw. selbst als Wurfgeschoß zu benutzen.

Das Wissen um die Wirkung von Schocktechniken genügt nicht. Sie erreichen Sicherheit in der Anwendung nur, wenn Sie das Schocken in Verbindung mit den Selbstverteidigungstechniken regelmäßig üben und zum wesentlichen Bestandteil Ihres Repertoires werden lassen.

# Empfindliche Stellen am menschlichen Körper

## – Atemi-Punkte –

Alle Verteidigungstechniken richten sich gegen irgendwelche empfindliche Stellen am menschlichen Körper, um mit geringstem Kraftaufwand größte Wirkungen zu erzielen.
Die Hebeltechniken werden nur an den Gelenken wirksam, vorwiegend an den Fingergelenken, Handgelenken, Ellenbogengelenken, Schultergelenken, Kniegelenken und Fußgelenken. Die Schmerzbereitung ist gut kontrollier- und dosierbar; ein Gelenkbruch läßt sich leicht herbeiführen, aber auch leicht vermeiden. Die Hebeltechniken zählen somit zu den humanen Selbstverteidigungsmitteln.
Anders verhält es sich mit den Schlag-, Stoß- und Tritt-Techniken (Atemi). Ihre Wirkung ist an vielen empfindlichen Punkten nicht genau zu berechnen und hängt ab von der Wucht des Atemi, der Konstitution des Gegners, der Genauigkeit des Treffers und ob der Atemi unerwartet oder erwartet trifft.
Optimale Wirkung erzielen zu können, heißt aber, durch eine Körperverletzung großen Schaden anzurichten. Darum muß man sich der Verantwortung bewußt sein, wenn man einen Atemi auf einen der empfindlichen Punkte plaziert.
Die Vielzahl dieser Punkte ist aus den beiden Schaubildern des menschlichen Körpers zu ersehen. Hiervon zählen zu den lebensgefährlichen Punkten: Fontanelle, Schläfen, Sinusknoten, Kehlkopf, Genick, Herzspitze und Solarplexus.
Weitere hochempfindliche Punkte sind: Augen, Kinnspitze, Leber, Nieren und Hoden.
Mit welchem Atemi die empfindlichen Stellen anzugreifen sind, können Sie aus der nachfolgenden Gesamtübersicht ersehen.
Abschließend soll mit der Beschreibung von drei empfindlichen Stellen die Auswirkung und Gefährlichkeit der Atemi dargelegt werden:

*1. Der Atemi zum Solarplexus*

Der Plexus solaris ist ein Geflecht von Nervenfasern und -zellen, die dem unbewußt arbeitenden, dem sog. vegetativen oder autonomen Nervensystem angehören. Der Plexus solaris liegt hinter der Bauchspeicheldrüse und vor der Aorta etwa in der Höhe des ersten Lendenwirbels.

Die Wirkung des Schlages ergibt sich aus der normalen Funktion des Plexus. Er besteht zum größten Teil aus Fasern des Sympathicus und nur zu einem geringen Teil aus solchen des Parasympathicus (das sind die beiden einander gegenspielenden Anteile des vegetativen Systems). Wird er daher durch eine Schlagaktion gelähmt, so kommt dies funktionell einer reinen Sympathicusausschaltung gleich. Dies wirkt sich nun in einer plötzlichen maximalen Erweiterung der Blutgefäße aus, besonders der Venen des Darmes, des Pfortadergebietes, der Leber, der Nieren und einiger anderer Organe. In diesen ausgedehnten Blutbehältern, die sich da schlagartig öffnen, versackt, der Schwere folgend, ein Großteil des Körperblutes, während nichts aus diesen Gebieten zum Herzen zurückfließt. Das Herz schlägt aber zunächst noch weiter, obwohl ihm kein Blut mehr angeboten wird, man sagt, es schlägt leer. Die Folge ist, daß dem Gehirn, dem Sitz unseres Bewußtseins, kein Blut mehr zuströmt, worauf es seine Funktion infolge Sauerstoffmangels einstellt. Nach Angaben mehrerer Fachleute müßte das Blut längstens binnen 80 Sekunden zurückkehren, damit der Eintritt des Todes verhindert wird.
Ein Atemi zum Solarplexus kann noch andere Wirkungen als die erwartete haben, die bisweilen zum Tode führen. Da wären vor allem zu nennen Leber- oder Milzrisse oder auch eine Ruptur des in der Nähe befindlichen Magens, eine Pankreasnekrose (Gewebstod der Bauchspeicheldrüse) und anderes mehr. Wir zielen den Schlag gegen ein klein-handtellergroßes Feld, dessen Mittelpunkt auf der linken (von uns aus gesehen rechten) Sternallinie liegt und bezüglich der Höhe sich im oberen Drittel der Nabel-Brustbeinlinie befindet. Die Sternallinie ist die seitliche Begrenzungslinie des Brustbeins, bzw. deren Verlängerung nach unten.
Sollten Sie einmal zum Solarplexus treffen müssen, so beachten Sie bitte die Richtung des Schlages. Sie verläuft von der beschriebenen und in der Skizze angezeichneten Stelle horizontal schräg zur Mitte nach hinten direkt auf die Wirbelsäule zu.

2. *Der Atemi zum Sinusknoten (Carotissinus-Schlag)*
Der menschliche Körper besitzt eine große Anzahl von Punkten, die von Natur aus erhebliche Empfindlichkeit gegen Druck, Stoß oder Schlag besitzen. Bei manchen Stellen besteht diese Empfindlichkeit in einem heftigen aber harmlosen Schmerz, der den Gegner zur Nachgiebigkeit, zum Lösen eines Griffes, zur Aufgabe des Kampfes zwingt, bei anderen wieder ist Bewußtlosigkeit oder sogar der Tod des Gegners die Folge. Zu diesem letzteren gehört ein Punkt an der Halsseite, dessen genauere Lokalisation noch zu beschreiben sein wird. Der Handkantenschlag oder Fingerspitzenstoß gegen diesen Punkt zählt zu den wichtigsten Atemi.

Zu beiden Seiten von Luft- und Speiseröhre steigt, nur vom Kopfwendemuskel und der Haut bedeckt, die Kopfschlagader auf und teilt sich in der Höhe des Schildknorpels des Kehlkopfes („Adamsapfel") in einen äußeren und einen inneren Ast, die den Kopf mit dem Gehirn und Teile des Halses mit Blut versorgen. An der Teilungsstelle zeigt die Kopfschlagader eine geringe, in den inneren Ast sich fortsetzende Erweiterung, den sog. Carotissinus (Sinus caroticus), ein Organ, das eine Schlüsselposition in der Regulierung des Blutdruckes innehat.
Es gibt im täglichen Leben immer wieder Anlässe, die von seiten des Organismus im Zuge der Anpassung einen wesentlichen Anstieg des Blutdruckes zur Folge haben. Da aber nun die Wandbeschaffenheit des Blutgefäßnetzes (der Summe aller Adern), besonders die seiner feineren Verästelungen nur einem bestimmten höchsten Innendruck standhält, würde es im Falle der obengenannten Belastungen durch Platzen von Gefäßen zu Blutungen kommen, die auf Grund ihrer besonderen Lage lebensbedrohend sein könnten. Zum Schutz gegen ein solches Ereignis besitzt der Organismus blutdruckregulierende Organe, von denen eines der vorhin beschriebene Carotissinus ist. Steigt der Blutdruck, so wird die Wand des Carotissinus von innen her gedehnt. Dadurch aber wird ein Nerv, dessen Endverzweigungen sich in die Sinuswand einsenken, gereizt und leitet die Erregung weiter ins Gehirn. Dort verteilt sie sich auf verschiedene Zentren und hat auf dem Wege von Reflexbögen eine dreifache Wirkung zur Folge:

1. Erweiterungen der Blutgefäße, vor allem der Venen der Bauchregion;
2. Verlangsamung und Schwächung der Herzschläge;
3. Verringerung der Atmung, eventuell bis zum Atemstillstand.

Die Wirkung des Schlages gegen den Sinus caroticus besteht nun darin, daß durch dessen Erregung dem Körper das Vorhandensein eines zu hohen Blutdruckes vorgetäuscht wird, worauf er prompt mit einem Blutsturz reagiert. Dabei kann der Druck auf so niedrige Werte absinken, daß er nicht mehr ausreicht, das Blut durch das Gehirn zu treiben. Dieses stellt nun infolge Sauerstoffmangels rasch seine Funktion ein, ein Zustand, der uns als Bewußtlosigkeit bekannt ist. Wenn das Blut nicht bald wieder ins Gehirn zurückkehrt (die Angaben über die Zeit, nach der dies spätestens der Fall sein muß, schwanken), treten unwiderrufliche Veränderungen ein, die mit dem Leben nicht vereinbar sind. Der genannte Schlag kann aber auch im Sinne des erwähnten Punktes 2 durch Erregung des Herzmuskelzentrums im Gehirn zum augenblicklichen, vollkommenen, tödlichen Herzstillstand führen.
Von der Wirksamkeit des Carotissinus kann man sich im Selbstversuch überzeugen, wenn man mit dem Finger gegen die beschriebene Stelle an der Halsseite drückt und zugleich mit den tastenden Fingern der anderen Hand an jeder beliebigen zugänglichen Aterie die Pulsverlangsamung feststellt.

Und nun einige Worte zur Durchführung.
Wie überall im Ju-Jutsu, so ist auch hier Präzision alles; Präzision, die nur durch langes Üben erworben werden kann. Vorne und etwas seitlich am Hals fühlt man rechts und links die Pulsation der Kopfschlagader; diese muß in der Höhe des Schildknorpels des Kehlkopfes oder knapp darüber getroffen werden. Was geübt werden muß, ist außer der Zielsicherheit die Kürze der Schlagdurchführung. Der Carotissinus spricht desto stärker an, je steiler die Erregungskurve ansteigt, d. h., je *federnder*, je kürzer der Schlag angetragen wird. Ob man den Sinusreflex durch einen Handkantenschlag oder durch Fingerspitzenstoß auslöst, hängt vom freien Ermessen, aber auch von der Position zum Gegner ab. Schlägt man mit der Handkante gegen die Halsseite, so wird die Wirkung durch eine Gegenregulation des Carotissinus der anderen Seite etwas gedämpft. Daraus folgt, daß der gleichzeitige Fingerspitzenstoß gegen beide Halsseiten den Handkantenschlag an Wirkung noch übertrifft. Die Schlagwirkung ist etwas geringer, wenn der Schlag erwartet wurde, wie es beim Training der Fall ist. Nicht unerwähnt möchten wir lassen, daß es auch bei plötzlich angezogenen Würgegriffen zu einer Erregung des Carotissinus kommt, was Bewußtlosigkeit oder Tod zur Folge haben kann.
Wenn auch ein Schlag mäßiger Härte im allgemeinen nur Bewußtlosigkeit hervorruft, also nicht so lebensbedrohend ist, wie man vielfach annimmt, so gibt es leider doch kein sicheres Rezept, wie fest man schlagen darf, ohne den Gegner zu töten. Die Empfindlichkeit ist erheblich, aber doch verschieden, und es muß dem Durchführenden anheimgestellt bleiben, die Robustheit seines Gegners richtig einzuschätzen.

### *3. Der Bruch des Kehlkopfes*

Der Kehlkopf, das obere, etwa 6 cm lange Ende der Luftröhre, welches den Stimmapparat birgt, besteht in seinem skelettösen Anteil überwiegend aus Knorpelgewebe des hyalinen und des elastischen Typs. Zwischen dem 20. und dem 30. Lebensjahr beginnen die Kehlkopfknorpeln teilweise zu verknöchern, ein Vorgang, der begleitet ist von einer Minderung der Elastizität und einer Erhöhung der Bruchgefahr. Im Inneren des Kehlkopfes befindet sich ein Hohlkörper aus elastischer Substanz von der Form eines verkehrten, seitlich plattgedrückten Trichters, der sog. Conus elasticus. Wird nun durch einen Atemi das Knorpelgerüst gebrochen, so fällt der Kehlkopf infolge des Zuges des Conus elasticus in sich zusammen, was Erstickung zur Folge hat. In diesem Fall wird als Maßnahme der ersten Hilfe die Koniotomie durchgeführt, eine Notoperation, die darin besteht, daß man durch einen mit der quergestellten Klinge zwischen Schild- und Ringknorpel des Kehlkopfes geführten Messerstich einen Luftzutritt schafft, der mit einem Röhrchen, etwa einem Zigarettenverlängerer, offengehalten werden muß.

*ATEMI-Punkte*

## Angriffsziele am menschlichen Körper

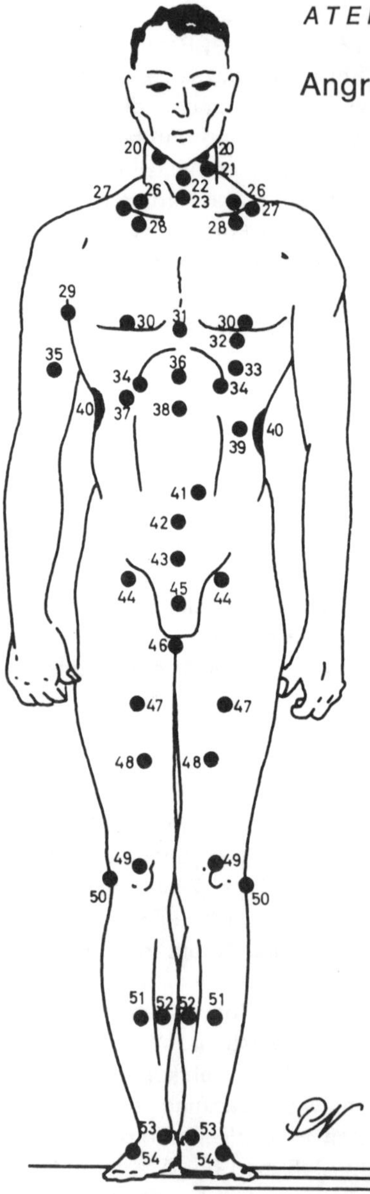


20 Sinus-Knoten
21 Halsschlagader
22 Kehlkopfdeckel
23 Kehlkopfgrube
26 Obere Schlüsselbeinvertiefung
27 Schlüsselbein
28 Untere Schlüsselbeinvertiefung
29 Achselhöhle
30 Brustwarzen
31 Brustbein
32 Herz
33 Herzspitze
34 Lungenspitzen
35 Oberarmnerv
36 Brustbeinfortsatz
37 Leber
38 Solar Plexus
39 Milz
40 Kurze Rippe
41 Magen
42 Nabel
43 Blase
44 Leisten
45 Hoden
46 Pudendusregion
47 Oberer Oberschenkelnerv
48 Unterer Oberschenkelnerv
49 Kniescheibe
50 Kreuzbänder
51 Vorderseite des Schienbeins
52 Innenseite des Schienbeins
53 Knöchel, innen
54 Spann

(Mit freundlicher Genehmigung von Peter Nehls, 7. Dan Ju Jutsu, Lübeck)

# Angriffsziele am menschlichen Körper

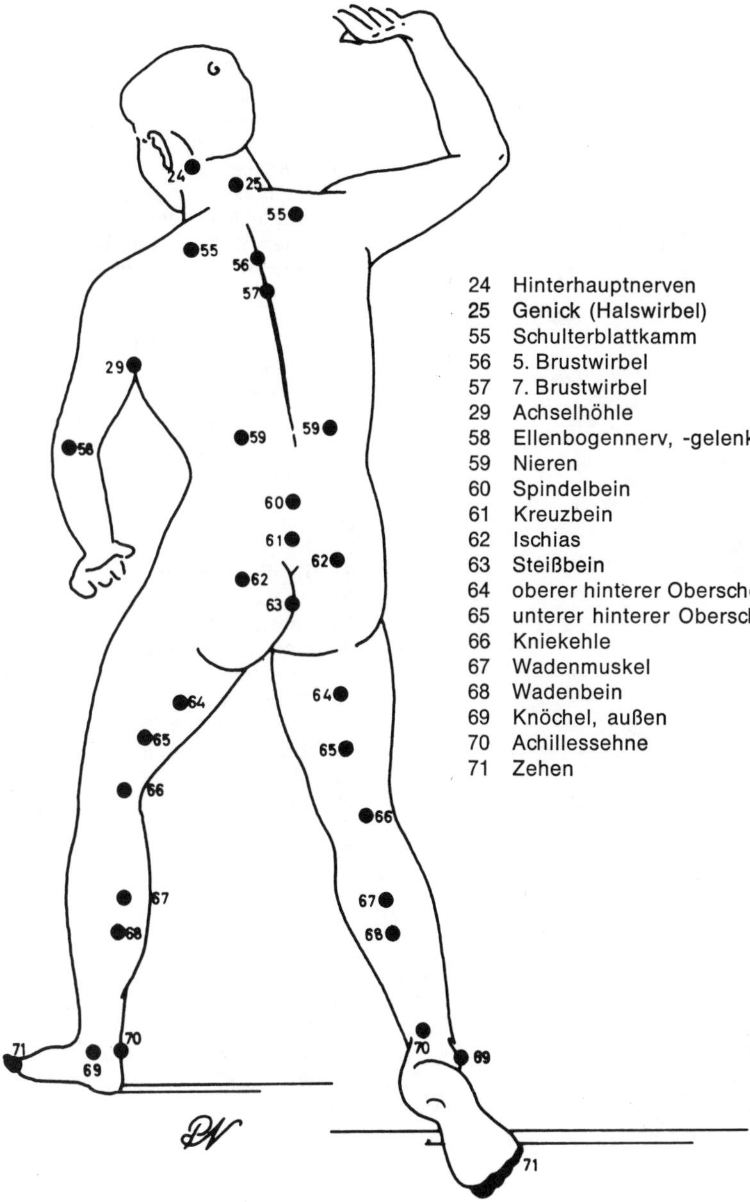


24 Hinterhauptnerven
25 Genick (Halswirbel)
55 Schulterblattkamm
56 5. Brustwirbel
57 7. Brustwirbel
29 Achselhöhle
58 Ellenbogennerv, -gelenk
59 Nieren
60 Spindelbein
61 Kreuzbein
62 Ischias
63 Steißbein
64 oberer hinterer Oberschenkelnerv
65 unterer hinterer Oberschenkelnerv
66 Kniekehle
67 Wadenmuskel
68 Wadenbein
69 Knöchel, außen
70 Achillessehne
71 Zehen

# Angriffsziele am menschlichen Körper

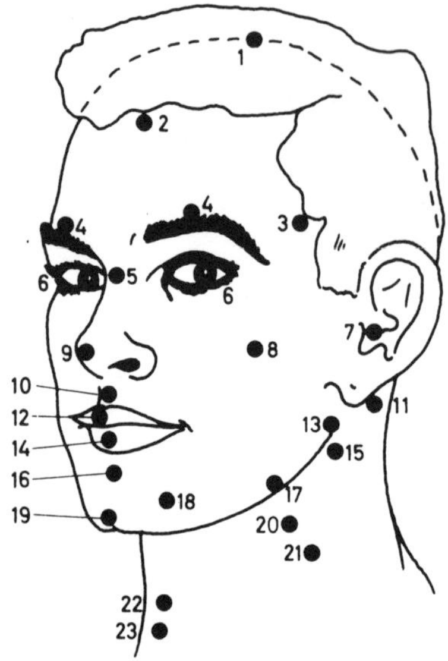


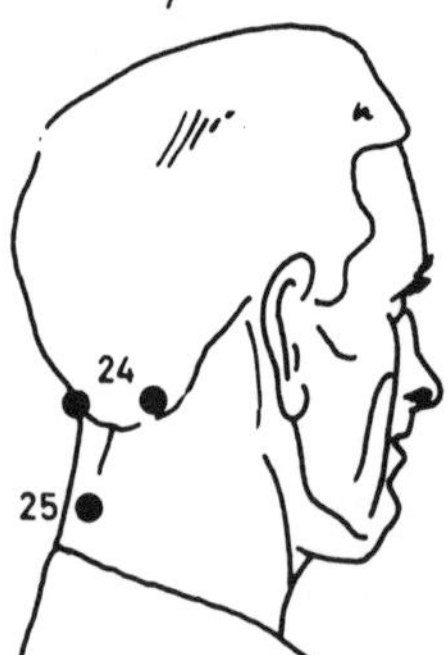


1 Fontanelle
2 Stirnbein
3 Schläfe
4 Augenbrauen
5 Nasenwurzel
6 Augen
7 äußerer Gehörgang
8 Backenknochen
9 Nasenspitze (Nasenbein)
10 oberhalb der Oberlippe
11 großer Ohrnerv (Ohrgrübchen)
12 Oberlippe
13 Kinnlade (Ansatz)
14 Unterlippe
15 Speicheldrüse
16 zwischen Unterlippe und Kinn
17 Unterkiefer
18 Zungennerv
19 Kinnspitze
20 Sinus-Knoten
21 Halsschlagader
22 Kehlkopfdeckel
23 Kehlkopfgrube
24 Hinterhauptnerv
25 Genick (Halswirbel)
72 Nerv (radialis)
73 Nerv (ulnaris)
74 Nerv zwischen Daumen und Zeigefingergrube
75 Mittelhandknochen
76 Nerv (palmaris)
77 Nerv (ulnaris)
78 Finger

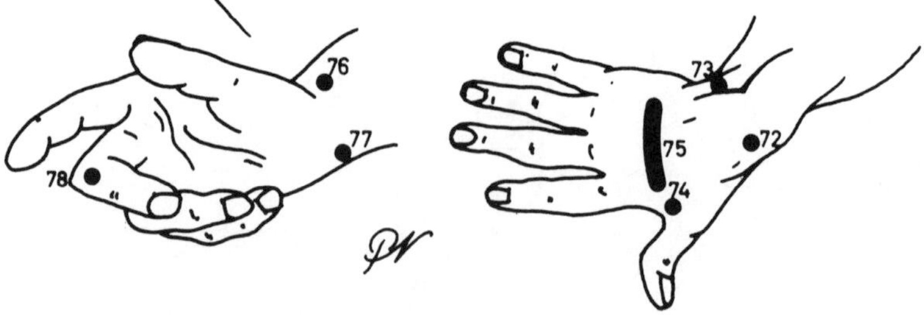

# ATEMI-Techniken

des 5.–3. Kyu-Grades

| Empfindliche Stellen am menschlichen Körper | | | Handspitzenstich | Fingerstiche / Daumenstich | Handrückenschlag | Handballenstoß | Fauststoß | Handkantenschlag | Ellenbogenstoß | Kopfschlag vorwärts / rückwärts | Kniestoß | Fußtritt vorwärts | Fußstoß seitwärts | Fersentritt / Fußstoß abwärts |
|---|---|---|---|---|---|---|---|---|---|---|---|---|---|---|
| | Beine | Fußzehen | | | | | | | | | | | | X |
| | | Fußbrücken | | | | | | | | | | | | X |
| | | Schienbeine | | | | | | | | | | X | X | X |
| | | Knie | | | | | | | | | | X | X | |
| | Körperpartie | Nieren | | | | | X | X | X | | | X | X | X |
| | | Hoden | X | | X | | X | X | | | X | X | | X |
| | | Leber | X | | X | | X | X | X | | X | X | X | X |
| | | Solarplexus | X | | X | | X | X | X | | X | X | X | X |
| | | Herzspitze | X | | | | X | X | X | | | X | | X |
| | | Schlüsselbein | | | | | | X | | | | | | |
| | Kopfpartie | Halswirbel (Genick) | | | | | | X | X | | | | | |
| | | Kehlkopfgrube | | X | | | | | | | | | | |
| | | Ohrengruben | | X | | | | | | | | | | |
| | | Nase | | | X | X | X | X | X | X | X | | | |
| | | Kehlkopf | X | | | | | X | | | | | | |
| | | Sinusknoten | X | | | | | X | | | | | | |
| | | Halsschlagadern | | | | | | X | | | | | | X |
| | | Kinnspitze | | | | X | X | | X | | | X | | |
| | | Augen | | X | | | X | | | | | | | |
| | | Schläfen | | | X | | X | X | X | | | | | |

# Ist Ju-Jutsu gesetzlich erlaubt?

Es wäre töricht, ein System zu schaffen und danach eine Selbstverteidigung zu lehren, die für den Ernstfall verboten wäre. Um es vorweg zu sagen: Ju-Jutsu ist zur Selbstverteidigung im Notwehrfalle gesetzlich zulässig. Es enthält zwar teilweise sehr gefährliche Verteidigungsmittel, jedoch ist für deren Anwendung jeder selbst voll verantwortlich. Jede Sache kann zum Guten gebraucht und zum Bösen mißbraucht werden. Gefährliche Angriffe auf Leben, Gesundheit oder Besitz erfolgreich abzuwehren heißt, Ju-Jutsu nützlich anzuwenden. Mit den gleichen Mitteln kann man aber auch zum Angreifer, Verbrecher und Mörder werden, Ju-Jutsu also zum Bösen mißbrauchen und damit die volle Härte des Gesetzes zu spüren bekommen. –
Jeder selbständige Eingriff in die Rechtssphäre eines anderen ist grundsätzlich unzulässig und somit widerrechtlich, es sei denn, daß ein besonderer Rechtfertigungsgrund vorliegt. Dazu gelten gesetzliche Bestimmungen: das Strafgesetzbuch (StGB) regelt das öffentlich-rechtliche Interesse und das Strafmaß, das Bürgerliche Gesetzbuch (BGB) das privatrechtliche Interesse, Haftung und Schadenersatz.

## I. Die Notwehr

Die §§ 32 ff. des StGB bestimmen: Eine strafbare Handlung ist nicht vorhanden, wenn die Handlung durch Notwehr geboten war.
Notwehr ist diejenige Verteidigung, welche *erforderlich* ist, um einen *gegenwärtigen, rechtswidrigen* Angriff von sich oder einem anderen abzuwenden.
Die Überschreitung der Notwehr ist nicht strafbar, wenn der Täter in Bestürzung, Furcht oder Schrecken über die Grenzen der Verteidigung hinausgegangen ist.
In § 227 BGB lesen wir sinngemäß das Gleiche.

1. Die zur Notwehr angewendete Selbstverteidigung muß *erforderlich* sein. Es gilt der Grundsatz von der Verhältnismäßigkeit der Mittel. Nicht mit Kanonen auf Spatzen schießen. Die Verteidigung muß der Schwere des Angriffes angemessen sein. Unter mehreren verfügbaren Abwehrmitteln muß stets das am wenigsten schädliche oder gefährliche gewählt werden, sofern noch genügend Zeit zur Auswahl vorhanden ist und mehrere Mittel gleich wirksam sind. Geht man über die Grenzen der Notwehrhandlung hinaus, so ist man dem Geschädigten zum Schadenersatz verpflichtet. Im

Strafrecht ist die Überschreitung der Notwehr allerdings dann nicht strafbar, wenn man in Bestürzung, Furcht oder Schrecken über die Grenzen der Verteidigung hinausgegangen ist. Da man als Verteidiger beweispflichtig ist, ist es immer gut, wenn bei der Notwehrhandlung Zeugen zugegen sind.

2. *Gegenwärtig* ist ein Angriff dann, wenn er schon begonnen hat, aber noch nicht beendet ist. Der Angriff eines Diebes auf das Eigentum eines anderen ist immer noch gegenwärtig, solange der Dieb bestrebt ist, sich das Gestohlene zu sichern. Man kann also auch noch gegenüber einem mit der Beute fliehenden Dieb in Notwehr handeln. Die Abwehr muß eine Verteidigungshandlung sein. Der Grad der Verteidigung richtet sich nicht nach der Höhe des evtl. angerichteten Schadens, sondern nach der Stärke des Angriffs. Grundsätzlich ist das am wenigsten schädigende Abwehrmittel das allein zulässige. Der Angriff ist bereits gegenwärtig, wenn er unmittelbar bevorsteht, zum Beispiel durch eine ernstzunehmende Drohung. Niemand braucht zu warten, bis er angegriffen wird. Seine Verteidigung darf in einer gefährlichen Situation auch vorbeugend sein. Der Angriff ist in solchen Fällen die beste Verteidigung.

3. *Rechtswidrig* ist ein Angriff, wenn der Angreifer zum Beispiel nicht selbst in Notwehr, Notstand oder berechtigter Selbsthilfe handelt. Hierbei ist es gleichgültig, ob der Angreifer persönlich angreift oder sich eines Werkzeuges, einer anderen Person, eines Tieres oder einer Sache bedient. Der Angriff muß sich nicht unbedingt auf die Person selbst richten. Es genügt ein solcher gegen jedes Rechtsgut des Betroffenen, zum Beispiel gegen Eigentum, Besitz, Freiheit und Ehre. Ferner ist es gleichgültig, gegen wen sich der Angriff richtet. Es können auch andere Personen verteidigt werden. Dies ist bei der sogenannten Nothilfe der Fall. Die Notwehr ist also nicht nur gegen einen schuldhaft Handelnden zulässig, sondern auch gegen einen Unzurechnungsfähigen, einen Geisteskranken, ein Kind sowie gegen einen in unvermeidlichem Irrtum Handelnden.
Gegenüber der von Dienststellen des Staates getroffenen rechtsmäßigen Maßnahmen ist Notwehr nicht zulässig; es liegt kein rechtswidriger Angriff vor. Wenn ein Polizist zum Beispiel im Dienst gegen einen nächtlichen Ruhestörer handgreiflich werden muß, kann sich dieser nicht auf Notwehr berufen.
Wer einen Angriff provoziert, um in einer absichtlich geschaffenen Notwehrlage den „Angreifer“ zu verletzen, kann sich ebenfalls nicht auf Notwehr berufen.

Das Notwehrrecht ist also durch das Verbot des Rechtsmißbrauches eingeschränkt.
Im Ju-Jutsu stehen uns genügend „harte" und „weiche" Verteidigungsmittel zur Verfügung, um situationsgerecht handeln zu können. Belästigungsversuche eines Betrunkenen zum Beispiel wehren wir mit gutem Zureden ab, notfalls bringen wir ihn mit einem schmerzhaften Gelenkhebel unter Kontrolle. Gegen bewaffnete Angreifer dagegen sind harte Wurf-, oder Schlag- und Tritt-Techniken durchaus gerechtfertigt.
Den Angriffen eines starken Mannes ist die Frau in der Regel unterlegen. Ihr wird man daher jede Art von Verteidigungshandlung zugestehen müssen, wenn sie angegriffen wird.
Nicht erforderlich ist eine Verletzung des Angreifers, wenn der Bedrohte ohne Preisgabe eigener Interessen dem Angriff ausweichen kann oder sofort obrigkeitliche Hilfe verfügbar ist.
Nothilfe leistet, wer einen rechtswidrigen Angriff nicht von sich selbst, sondern von einem anderen unter Beachtung der Notwehrbestimmungen abwehrt.

4. Wenn der Angreifer schwer verletzt wurde, obwohl er mit milderen Mitteln hätte kampfunfähig gemacht werden können *(Notwehrexzeß)*, wird der Täter hierfür in der Regel gesetzlich zur Verantwortung gezogen. Nur wenn er infolge Furcht, Schrecken oder Bestürzung über die zulässige Verteidigung hinausgegangen ist, entfällt eine Bestrafung, weil der Schuldausschließungsgrund nach § 53 Abs. 4 StGB geltend gemacht werden kann.

5. *Putativnotwehr* liegt dann vor, wenn die Voraussetzungen der Notwehr objektiv nicht gegeben sind, der Verteidiger jedoch irrtümlich annimmt, sie seien vorhanden. Er wird nur dann zur Verantwortung gezogen und bestraft, wenn der Irrtum von ihm vermeidbar gewesen wäre. Unvermeidbarer Irrtum schließt eine Bestrafung aus.

## II. Die Selbsthilfe

Die Selbsthilfe ist nach dem Gesetz nur dann erlaubt, wenn obrigkeitliche Hilfe nicht rechtzeitig zu erreichen ist und wenn ohne sofortiges Eingreifen die Gefahr besteht, daß die Verwirklichung des Anspruches vereitelt oder wesentlich erschwert wird. Der Verfolger darf nur solche Handlungen vornehmen, wie die staatlichen Vollstreckungsorgane (Polizei) sie ebenfalls vornehmen würden. Bei unerlaubter Selbsthilfe ist man dem Geschädigten wiederum zum Schadenersatz verpflichtet.

Das Recht gegen die verbotene Eigenmacht eines Dritten kann man durchsetzen durch:

1. Abwehr: Dies gilt gegenüber jeder noch nicht abgeschlossenen Besitzentziehung und jeder Besitzstörung, solange die Störung noch andauert.
2. Durch Wiedererlangung: Man kann also dem auf frischer Tat ertappten Täter seine Beute, wenn notwendig, mit Gewalt, entreißen. Man darf natürlich keine Handlungen vornehmen, die unter anderen strafrechtlichen Gesichtspunkten geboten sind. Auch wenn man eine Sache für einen anderen in Besitz hat, kann man die Selbsthilfe für diesen geltend machen. Die Selbsthilfe bedeutet keine endgültige Regelung. Man ist verpflichtet, den Täter sofort dem Gericht oder der Polizei abzuliefern.

## III. Der Notstand

Gemäß § 228 BGB handelt derjenige, der eine fremde Sache beschädigt oder zerstört, um eine durch sie drohende Gefahr von sich oder einem anderen abzuwenden, dann nicht widerrechtlich, wenn die Beschädigung oder Zerstörung zur Abwendung der Gefahr erforderlich und der Schaden nicht außer Verhältnis zu der Gefahr steht.
Nach § 904 BGB ist der Eigentümer einer Sache nicht berechtigt, die Einwirkung eines anderen auf die Sache zu verbieten, wenn diese Einwirkung zur Abwendung einer gegenwärtigen Gefahr notwendig ist.

Liebe Leser,
mit dieser kurzen Abhandlung glauben wir, unserer aufklärenden Pflicht genügt zu haben. Sie haben gesetzliche Rechte und gesetzliche Pflichten. Hinzu kommen noch die moralischen Pflichten, die Sie als Mensch gegenüber Ihren Mitmenschen haben. Hüten Sie sich also vor einer mißbräuchlichen Anwendung des Ju Jutsu. Ein voreiliger Fingerstich, der einem Mann zum Beispiel das Augenlicht nimmt, wird für die angegriffene Frau eine lebenslange moralische Belastung bleiben, wenn sich nachher herausstellt, daß sie eine Annäherung mit einem Angriff verwechselt hat. Schwerste Geschütze sind also erst dann aufzufahren, wenn die Angriffshandlungen deutlich gefährlich sind und die leichteren Mittel versagt haben oder nach der eindeutigen Angriffshandlung zwecklos wären.

*„Ein Augenblick der Geduld kann vor großem Unheil bewahren, ein Augenblick der Ungeduld ein ganzes Leben zerstören.“* *Chinesische Weisheit*

# Wie verhält man sich im Ernstfall?

Wer erstmals einer gefährlichen Situation gegenübersteht, wird sich in der Regel nicht ganz wohl in seiner Haut fühlen. Nur die wenigsten Zeitgenossen werden als Helden geboren. Alle anderen müssen im Ernstfall innerlich mit sich kämpfen, um Angst und Unsicherheit zu überwinden.
Furcht ist vorwiegend ein psychologisches Problem und gedeiht auf dem Boden eigener Unzulänglichkeit. Wer zum Beispiel weiß, daß er nicht schwimmen kann, wird Angst vor dem Wasser haben. Je besser er schwimmt, desto weiter wird er sich in das Meer hinaustrauen, bis auf die wenigen, die ihrem eigenen Können mißtrauen und selbst als gute Schwimmer immer den Boden unter den Füßen spüren müssen. Sie leiden an einem gestörten Ich-Bild. Lesen Sie hierzu das Kapitel „Der Erfolg liegt in uns".
Wer nie geübt hat, sich gegen einen Angriff zweckmäßig zu verteidigen, wird sich im Ernstfall fürchten; er kennt seine eigene Unzulänglichkeit auf diesem Gebiet. Es gilt also, hiergegen etwas zu tun. Sie – das setzen wir voraus – haben Ju-Jutsu nach diesem Buch fleißig gelernt und geübt. Sie zählen also keineswegs mehr zu den ganz Wehrlosen und dürfen sich dessen voll bewußt sein. Vielleicht erinnern Sie sich jetzt des Werbe-Slogans und glauben: „Wer die Selbtverteidigung beherrscht, ist Herr jeder Lage". Diese Gewißheit stärkt das Selbstbewußtsein. Doch sollten Sie bedenken: Wer *beherrscht* schon die Selbstverteidigung in jeder Lage? „Waghalsigkeit zeugt tote Helden, wenn das Glück fernbleibt." Wer einem Streit aus dem Wege gehen kann, vermeidet jedes Risiko und handelt klug. Der Ernstfall ist nämlich keineswegs ein „Truppenübungsplatz", der eine gefahrlose Möglichkeit bietet, sich die eigene Unüberwindlichkeit praktisch zu bestätigen. Im Ernstfall ist meist alles ganz anders, als man sich das so vorgestellt hat. Als Anfänger sollte man mutwillig keine Experimente wagen, die einem Leben oder Gesundheit kosten können. Man soll nur dann handeln, wenn man sich auf sein eigenes Können verlassen kann und die Nerven in der Gefahr nicht „verrückt" spielen.
Doch leider lassen uns böse Mitmenschen nicht immer die Wahl, klug zu handeln. Läßt sich also eine Auseinandersetzung nicht mehr vermeiden, merken wir uns einige wichtige Verhaltensregeln:

1. Bewahren Sie vor allem einen kühlen Kopf, ein mutiges Herz, ruhige Gelassenheit und Selbstvertrauen. Eine überlegene Haltung strahlt Selbstsicherheit aus. Je sicherer Sie wirken, desto unsicherer wird der Angreifer.

2. Wenn Sie innerlich Angst verspüren, atmen Sie tief und ruhig durch und konzentrieren Sie sich gedanklich auf einige wenige Verteidigungstechniken, die Sie am besten beherrschen.

3. Nehmen Sie eine seitliche Verteidigungsstellung ein und achten Sie immer darauf, daß Sie zum Angreifer so viel Distanz bewahren, um bei einem überraschenden Angriff rechtzeitig ausweichen zu können. So gewinnen Sie Zeit, um dann folgerichtig mit einer Verteidigungstechnik reagieren zu können.

4. Behalten Sie den oder die Angreifer voll im Auge, bewegen Sie sich bei einer Verteidigung immer so, daß Sie den gerade angreifenden Gegner zwischen sich und die anderen Angreifer bekommen. Sie vermeiden damit, zu gleicher Zeit von mehreren angegriffen zu werden.

5. Schimpfworte und Beleidigungen sollte man nie erwidern, da das dem Gegner zeigt, daß seine Beleidigungen angekommen sind, was ihn meist noch mehr reizt. Ein paar ruhige, energische Worte wirken oft Wunder. „Wer lächelt, statt zu toben, ist immer der Stärkere."

6. Lassen Sie sich keineswegs von der starken Figur eines Angreifers einschüchtern. Der Mut des Angreifers steigert sich mit Ihrer erkennbaren Angst. Auch der gefährlichste Raufbold ist ein leicht verletzbarer Mensch. Mag der Gegner noch so kräftig sein, gegen einen überraschenden Tritt, Stoß oder Schlag gegen ein empfindliches Körperorgan schützt keine Kraft.

7. Lassen Sie bei mehreren Angreifern möglichst keinen Körperkontakt zustande kommen, der ein Klammern, Festhalten und Herunterziehen ermöglicht. Sie müssen sich durch Schläge, Tritte und Stöße so lange Luft schaffen, bis nur noch ein Angreifer übrig bleibt. Beim letzteren können Sie Würfe und Hebeltechniken riskieren.

8. Wenn Zuschauer anwesend sind, vermeiden Sie, einen Angreifer blutig zu schlagen. Man gilt als brutal und hat schnell viele Gegner gegen sich. Auch vor Gericht wird schnell gegen den Partei ergriffen, der ein „Blutbad" angerichtet hat.
   Ihnen sind die empfindlichen Körperstellen bekannt, an denen unblutige Wirkungen erzielt werden können.

9. Der schwache und leichte Mann ist immer im Nachteil, wenn er angegriffen wird. Daher ist es zweckmäßig, dem Gegner zuvorzukommen. Der Angriff ist die beste Verteidigung. Das Gesetz läßt diese Art von Verteidigung zu. Der Angreifer hat immer drei Vorteile:
   a) Der erste Schlag kann schon den Kampf entscheiden,
   b) Durch den Angriff macht man sich selbst Mut und
   c) der Überraschungsmoment beim Gegner kann zu weiteren Handlungen ausgenutzt werden.

Wir wollen uns abschließend merken:
Eine wirksame Selbtverteidigung setzt voraus, daß sie gekonnt ist. Können ist eine Sache von Übung und Routine. Wenn Sie wirklich sicher werden wollen, dann müssen Sie Ju-Jutsu ernsthaft betreiben und mit steigenden Schwierigkeitsgraden üben, wie in dem Kapitel „Technik und Konditionsschulung" ausführlich dargelegt worden ist.

# Der Erfolg liegt in uns

Liebe Leser!
„Wer die Technik beherrscht, ist noch nicht Meister!"
Diese tiefgründige Wahrheit soll am Anfang einer Betrachtung stehen, der Sie sich nur in einer Mußestunde widmen sollten.
Zur perfekten Selbstverteidigung gehört nämlich nicht nur handwerkliches Können, sondern auch die rechte geistig-seelische Einstellung; man muß Meister seiner selbst sein. Lassen Sie sich diese bedeutungsvolle Behauptung erklären:
Wer Ju Jutsu im Technischen beherrscht, muß beweisen, ob er im gefahrenvollen Ernstfall die innerliche Reife und Stärke besitzt, um seine Technik überlegen und umsichtig ausspielen zu können. Im übertragenen Sinne gilt das auch für die persönliche Behauptung im Lebenskampf. Gewiß: Das Bewußtsein, über technische Kenntnisse zu verfügen, die Sie dem anderen überlegen machen, gibt Selbstvertrauen. Im Gefahrenmoment ist das Selbstvertrauen aber Belastungen ausgesetzt, die uns als Schreck, Angst, schwache Nerven, Minderwertigkeitskomplexe, Hemmungen usw. – zumindest als Begriffe – gut bekannt sind. Diesen Belastungen ist standzuhalten, sie sind zu überwinden. Was nützen äußere Fähigkeiten, wenn die richtige innerliche Einstellung fehlt, um sie zu benutzen.
Um auch innerlich zum Erfolg kommen zu können, müssen wir unser Unterbewußtsein beeinflussen. Konzentration und Wille vermögen den Körper nur dann harmonisch zu lenken und zu leiten, wenn das Unterbewußtsein eine positive Ich-Vorstellung hat. „Jedes sich immer wiederholende Tun hat die Chance einer Vollendung in sich, die den, der sie erreicht, zum Meister dieses Tuns macht." Diese Behauptung ist so zu verstehen, daß ein fortwährendes, positives äußeres Tun auch Geist, Seele und Unterbewußtsein positiv bildet, wenn es im rechten Geiste geschieht. Das im „rechten Geiste" heißt, in lauterer Absicht und Gesinnung, die sich auf das positive Ich-Bild auswirkt und damit das Unterbewußtsein prägt. Auch für das erfolgreiche Training selbst ist diese Erkenntnis der Zusammenhänge von Körper-Geist-Seele und Unterbewußtsein sehr wichtig.
Die neuen psychologischen Erkenntnisse der Wissenschaft über das Unterbewußtsein des Menschen lassen uns aufhorchen. Sie geben uns für das Studium der Budosportarten (Judo – Karate – Aikido – Ju Jutsu) wertvolle Hinweise. Die richtige geistig-seelische Einstellung ist für den Budoka und für den Erfolgsmenschen ganz allgemein höchst ausschlaggebend. Neue Erkenntnisquellen sind die Elektronengehirne und Rechenautomaten mit ihren „zielsuchenden" Mechanismen. Hieraus ziehen die Psychologen den Rück-

schluß, daß der Mensch zwar keine Maschine ist, aber eine Maschine in sich hat und sich ihrer bedient. Dieser Mechanismus ist das Unterbewußtsein, eine aus Gehirn und Nervensystem bestehende „zielsuchende Programmsteuerung", die wir mit unserem Bewußtsein betätigen und lenken. Wir können feststellen, daß das Unterbewußtsein oft mit untrüglichem Gedächtnis selbst geringfügige Ereignisse unseres Lebens genau registriert und festhält. Wie jede programmgesteuerte Maschine macht es von den im Gedächtnis gespeicherten Informationen Gebrauch und verarbeitet die Angaben, mit denen wir es beschicken.

Über das Gehirn beeinflußt das Unterbewußte z. B. die Funktionen aller unserer Organe entscheidend. So brauchen wir uns nur vorzustellen, dieses oder jenes Organ arbeite schlecht, dann kann es dazu kommen, daß dieses Organ wirklich schlecht arbeitet. Oder die Vorstellung, eine bestimmte Speise nicht zu vertragen, führt häufig dazu, daß uns diese Speise wirklich nicht bekommt. Das Unterbewußte bestimmt also die Funktionen unserer Organe wie auch den Ablauf unserer Handlungen. Was wir also Einbildungs- oder Vorstellungskraft nennen, bestimmt unsere Handlungen weitgehend, oft sogar gegen unseren Willen. Indem wir Situationen beurteilen und nach unserer Meinung deuten, „programmieren" wir das zu verarbeitende Problem. Haben wir die Vorstellung, wir seien unwürdig, minderwertig, unfähig, leistungsschwach, konditionsarm, usw., so verarbeitet unser Unterbewußtsein auch solche Daten und greift bei allen Problemen, Situationen und Entscheidungen darauf zurück. Je nachdem, worauf wir sie einstellen, ob auf ein negatives oder positives Ich-Bild, arbeitet unsere Programmsteuerung also automatisch für die entsprechenden Ziele: für Erfolg und Zufriedenheit oder für Mißerfolg und Unzufriedenheit. Ist das Ich-Bild unzulänglich – viele Menschen leiden an Selbstunterschätzung – so muß man es verbessern. Das erreicht man, indem man sich immer wieder vorstellt, schon so zu sein, wie man sich wünscht. In schwierigen, krankhaften Fällen hilft ein autogenes Training, welches aus ärztlichen Erfahrungen der Hypnose entstanden ist. Zu diesem Spezialgebiet möchten wir nur einen Hinweis geben: Wer sich hierfür interessiert, dem empfehlen wir das Übungsheft für das „Autogene Training" (Konzentrative Selbstentspannung) von Prof. J. H. Schultz, welches im Georg Thieme Verlag, Stuttgart, erschienen ist.

Abgesehen von diesem Spezialgebiet dreht es sich aber bei der Beeinflussung des Unterbewußten in jedem Falle um eine Art Selbstsuggestion. Hierbei ist nicht der Wille maßgebend, sondern die Vorstellungskraft. Wenn wir uns hartnäckig vorstellen, etwas leisten zu können, woran uns gelegen ist, so können wir unser Unterbewußtsein durch diesen Akt der Einbildungskraft fast ebenso stark beeinflussen, wie durch die wirkliche Leistung. Diese Art „Phantasietraining" ist erfolgreich erprobt worden und eignet sich zur Verbesserung sportlicher Leistungen ebenso, wie für andere Ziele. Zwei Gruppen amerikanischer Basketballspieler wurden einem 20tägigen Test unterzogen. Eine Gruppe mußte täglich trainieren, den Ball ins Netz zu werfen; die andere Gruppe dagegen mußte sich nur täglich eine gewisse Zeit vorstellen, sie würde den Ball ins Netz werfen. Als dann beide Gruppen wirklich spielten, erzielten sie gegen früher überraschend ein fast gleich gut verbessertes Ergebnis um etwa 24 %.

Was wir von uns halten und daher unserem inneren Rechenautomaten als Daten eingeben, setzt unseren wirklichen Fähigkeiten vielfach eine starre und ganz falsche Grenze. Wir sind von einer solchen falschen Selbsteinschätzung im wahren Sinne des Wortes hypnotisiert. Die Macht der Hypnose ist letzten Endes nichts anderes als die Macht dessen, was man selbst glaubt. Wenn man z. B. eine Meinung – die eigene oder die anderer Freunde, Sportkameraden, Vorgesetzten usw. – akzeptiert, also überzeugt ist, daß sie richtig ist, hat sie über einen dieselbe Macht, wie die Worte eines Hypnotiseurs. Das kann sich positiv oder negativ auswirken. Wer negativen Vorstellungen von sich selbst Raum gibt, muß damit rechnen, daß sie seine Leistungsfähigkeit beeinträchtigen. Umgekehrt hat jeder in sich die Kraft zu Leistungen, die er sich nie zutrauen würde.

Frühere Fehlhandlungen können eine „innere Grenze“ setzen. Aus Fehlern aber sollte man nur lernen. Werden negative Erfahrungen richtig ausgewertet, sind sie dem „Lernen“ nicht hinderlich sondern förderlich. Irrtümer, Fehlhandlungen, Mißlingen und auch beschämende Niederlagen sind unentbehrliche Stufen im Lernprozeß. Sie müssen jedoch Mittel zum Zweck bleiben. Sobald sie ihre Schuldigkeit getan haben, muß man sie vergessen. Wenn wir bewußt bei Irrtümern usw. verweilen und ihretwegen bewußt ein Schuldgefühl nähren und sie uns ständig vorwerfen, werden sie, ohne daß wir es merken, selber zu „Zielen“, die unsere Programmsteuerung und das Unterbewußtsein beherrschen. In dem Augenblick, da wir negative Gedanken von uns weisen und aufhören, Gewesenem eine Macht über uns zu geben, verliert das Gewesene mit seinen Fehlern die Macht über uns.

Alles Mühen bleibt vergebens, wenn man sich nicht Kenntnisse aneignet und Erkenntnisse sammelt, ob durch mittelbare oder unmittelbare Erfahrung. Von Sorgen und Ängsten befreit sich, wer weiß, daß äußere Erfolge oder Fehlschläge von der richtigen oder falschen inneren Einstellung und rechten Handhabung des uns von der Natur gegebenen Erfolgsautomaten abhängen. Unser Fehler ist es indessen, daß wir aus Unkenntnis das Unterbewußtsein und unsere automatische Programmsteuerung ignorieren und die menschlichen Probleme mit dem Großhirn, mit bewußtem Denken lösen wollen.

Das Großhirn ist dem Bediener einer elektronischen Rechenanlage vergleichbar. Mit dem Großhirn denken wir „Ich“, sind wir unseres Selbst bewußt, machen wir uns Vorstellungen und setzen uns Ziele. Wir benutzen das Großhirn dazu, Informationen zu sammeln, Beobachtungen zu machen, Sinnes-Meldungen auszuwerten und Urteile zu bilden. Nur selber schaffen kann das Großhirn nicht. Es kann die zu leistende Arbeit ebensowenig tun, wie der Bediener eines Rechenautomaten selber die Rechenarbeiten ausführen kann. Das Großhirn ist dazu da, Aufgaben zu stellen und klar zu umreißen, doch ist es von Natur nicht dazu gemacht, sie auch zu lösen. Das aber versucht der moderne Mensch zu tun.

Er möchte alle seine Probleme durch bewußtes Denken lösen. Was sollen wir also tun? Die Erfahrungen von Schriftstellern, Erfindern und anderen schöpferischen Geistern lehren uns, daß eine schöpferische Idee nicht bewußt mit dem Großhirn erdacht wird, sondern in Augenblicken, wo sich das Oberbewußtsein mit anderen Dingen beschäftigt, unversehens als Erleuchtung aus dem Unterbewußtsein kommt. Die schöpferische Idee ist gleich Intuition und die Erleuchtung gleich Satori; beides Begriffe aus der Lehre des Zen-Buddhismus. Alle japanischen Künste, so auch die Budosportarten, sind mit dieser Lehre tief verbunden und schöpfen hieraus das gewisse Etwas, durch das das Handwerk zur Kunst und der Meister zum Künstler wird.

Natürlich kommen schöpferische Ideen und Erleuchtung nicht ohne die Vorarbeit des bewußten Denkens. Soll es zu einer solchen Erleuchtung kommen, muß man sich zuvor eingehend mit dem Problem befaßt haben. Man muß es bewußt in allen seinen Möglichkeiten durchdenken. Hat man es aber einmal fest umrissen und alle dafür erforderlichen Unterlagen gesammelt, so hilft es gar nichts, weiter darüber nachzugrübeln – das erschwert es nur, die Lösung zu finden. Versuchen Sie einmal, ein Problem, mit dem Sie sich ohne sichtbaren Erfolg abmühen, aus Ihren Gedanken zu verbannen; überschlafen Sie die Sache! Dieser Prozeß unbewußter Gehirntätigkeit ist uns allen gegeben. Wir sind im Grunde alle schöpferische Geister. Wir alle haben unseren Erfolgsautomaten in uns, der an der Lösung unserer persönlichen Probleme arbeitet. Was wir „das Schöpferische“ nennen, ist nach Meinung der Psychologen ein natürlicher Werdevorgang, bei dem der menschliche Geist an der Lösung irgendeines Problemes arbeitet, zum Beispiel an der letzten Erkenntnis einer Feinheit in der Budo-Technik.

Ziehen wir aus dem bisherigen unsere Schlüsse:

1. Ist man auf sein Ich-Bild stolz, so hat man Selbstvertrauen, gibt sich unbeschwert, wie man ist, bringt sein Ich zur Geltung und entwickelt seine volle Leistungsfähigkeit. Schämt man sich aber seines Ich-Bildes, so möchte man es lieber verbergen, das Schöpferische in einem ist gelähmt, man wird menschenfeindlich und unverträglich. Das Unterbewußtsein hält Hemmungen und Komplexe bereit, die uns dann befallen, wenn es auf den entscheidenden Einsatz unserer Persönlichkeit ankommt. Mangel an Persönlichkeit und gehemmte Persönlichkeit ist ein und dasselbe. Ein Mensch ohne Persönlichkeit ist einer, der das Schöpferische in sich nicht zum Ausdruck bringt.
   Minderwertigkeitsgefühle sind die Folge und drohen, alles zum Scheitern zu bringen, was er unternimmt. Das gestörte Ich-Bild ist der Grund, warum ein Budoka, der die Selbstverteidigung im Technischen perfekt beherrscht, trotzdem in einer Ernstfallsituation versagt.

2. Frühere Fehlhandlungen müssen vergessen werden. Die Erinnerungen an ein Mißlingen kann unsere gegenwärtige Leistungsfähigkeit empfindlich beeinträchtigen, wenn wir zu dem Schluß kommen: Es ist mir damals nicht gelungen, ich werde es also heute auch nicht schaffen. Handele so, als hättest Du schon die Kräfte und Fähigkeiten, die Du Dir wünschst, dann wirst Du die „unsichtbare innere Grenze" überspringen. Diese Einbildungskunst nennt man Autosuggestion.

3. Der große Philosoph Bertrand Russel sagt: „Wenn ich eine besonders schwierige Arbeit vorhabe, ist es nach meiner Erfahrung die beste Technik, das Thema mit größter Intensität, der größten, die ich überhaupt aufbringen kann, ein paar Stunden oder Tage zu durchdenken und dann sozusagen Auftrag zu geben, daß die Arbeit unterirdisch fortgesetzt wird. Nach einiger Zeit gehe ich wieder mit bewußtem Denken daran und entdecke, daß die Arbeit schon getan ist."
   Das Unterbewußtsein erarbeitet die Ergebnisse, die wir programmieren. Plötzlich liegt die letzte Feinheit einer Technik, einer Bewegung, Haltung, eines Wurfes usw., die uns lange verborgen blieb, die uns lange mißlang, klar vor uns.
   Vergessen wir indessen nicht, das Phantasietraining. Eine wertvolle Ergänzung zur praktischen Arbeit auf der Matte. Bei Zwangspausen infolge Verletzung oder anderer Umstände die einzige Möglichkeit, geistig weiterzutrainieren mit dem Ziel, die Technik im Unterbewußtsein zu programmieren. Daraus entwickeln sich die so wertvollen unterbewußten Reaktionen

für Angriff und Verteidigung. Damit wachsen wir über die instinktiven Handlungen hinaus auf die Ebene der Intuition. Wer ausschließlich seine Technik auf bewußtes Denken abstellt, wird mit seinen Aktionen meist um den Bruchteil einer Sekunde zu spät kommen.

4. Wer mehr erreichen will, muß erkennen lernen und an sich arbeiten. Wer weiß, daß die Selbstverteidigung im Ernstfall ein psychologisches Problem ist, wird mit der Gestaltung eines positiven Ich-Bildes seine innere Verteidigungskraft entscheidend stärken. Wir dürfen nicht auf Wunder hoffen, aber wir dürfen hoffen, daß uns die modernen, wissenschaftlichen Erkenntnisse weiterhelfen, wenn wir es wollen. Wer es sich leicht macht, wird es schwer haben. In uns liegt der Erfolg und nichts ist überzeugender als dieser.

*„Der Mensch hat dreierlei Wege, klug zu handeln:*
*erstens durch Nachdenken, das ist der edelste,*
*zweitens durch Nachahmen, das ist der leichteste,*
*drittens durch Erfahrung, das ist der bitterste.“*
*Konfuzius*

# Welche Aufgaben hat das Deutsche Dan-Kollegium e.V. (DDK)?

1) Das Deutsche Dan-Kollegium ist die selbständige Vereinigung von Danträgern, die dem Deutschen Judo-Bund e.V. (z. Zt. rund 250.000 Mitglieder) angehören.
2) Das DDK verfolgt das Ziel, die im Deutschen Judo-Bund e. V. (DJB) betriebenen Sportarten in Theorie und Praxis durch Lehrtätigkeit zu verbreiten.
3) Das DDK hat Graduierungen für Kyu- und Dangrade einheitlich durchzuführen und dafür Verfahrens- und Prüfungsordnungen zu erlassen, die für den gesamten Wirkungsbereich bindend sind.
4) Im DDK sind z. Zt. rund 10.000 Danträger (schwarze Gürtel) der Sektionen Judo, Ju Jutsu, Karate, Aikido und Kendo vereinigt.

# Ju-Jutsu-Prüfungsprogramm

Gültig ab 1. Januar 1987

## 5. Ju-Jutsu-Kyu-Grad

1. Etikette
2. Bewegungslehre im Stand:
   Neutrale Kampfstellung, Aktionsstellung, Verteidigungsstellungen. Ausweichen durch Körperabdrehen.
   Schrittdrehungen, Doppelschrittdrehungen, Drehungen im Stand, Ausfallschritte, Übersetzschritte vor- und rückwärts, Gleiten vor- und rückwärts, Auslagenwechsel.
3. Falltechniken:
   Rolle vorwärts, Rolle rückwärts, Sturz vorwärts, Sturz rückwärts, Sturz seitwärts links und rechts.
4. Folgende Grundtechniken sind weitgehend in Kombinationen gegen je einen Angriff nach freier Wahl des Prüflings vorzuführen:

| **Grundtechniken** | **Fundstelle Seite** | **Band*** |
|---|---|---|
| 1. Unterarmblock nach oben | 38 | 1 |
| 2. Unterarmblock nach innen | 38 | 1 |
| 3. Unterarmblock nach außen | 39 | 1 |
| 4. Unterarmblock nach unten außen | 39–40 | 1 |
| 5. Unterarmblock nach unten innen | 39–40 | 1 |
| 6. Handfegen | 90 | 1 |
| 7. Fauststoß | 91–92 | 1 |
| 8. Faustschlag | 91–92 | 1 |
| 9. Griffsprengen | 42–44/94 | 1 |
| 10. Grifflösen | 94 | 1 |
| 11. Armstreckhebel zu Boden | 80–82 | 1 |
| 12. Kreuzfesselgriff | 64 | 1 |
| 13. Großer Hüftwurf | 50–51 | 1 |

* Die Seitenzahlen und Bandnummern verweisen auf die Stellen, wo die Übungen erläutert und illustriert werden: Ju-Jutsu 1 (Nr. 0276), Ju-Jutsu 2 (Nr. 0378), Ju-Jutsu 3 (Nr. 0485).

## 4. Ju-Jutsu-Kyu-Grad

1. Vorkenntnisse
2. Bewegungslehre am Boden:
   Seitliche Verteidigungslage. Auslagenwechsel, Rollen, Drehen in alle Richtungen, Gleiten, Aufstehen aus der seitlichen Verteidigungslage unter Berücksichtigung der Eigensicherung.

3. Falltechniken über Hindernisse.
4. Folgende Grundtechniken sind weitgehend in Kombinationen gegen je einen Angriff nach freier Wahl des Prüflings vorzuführen:

| Grundtechniken | Fundstelle Seite | Band |
|---|---|---|
| 1. Handkantenblock | 65 | 1 |
| 2. Handkantenschlag | 66–67 | 1 |
| 3. Kniestoß | 45 | 1 |
| 4. Knieschlag | 45 | 1 |
| 5. Fußstoß vorwärts | 41 | 2 |
| 6. Fußtritt rückwärts | 70–71 | 1 |
| 7. Fußstoß abwärts | 73 | 1 |

| Grundtechniken | Fundstelle Seite | Band |
|---|---|---|
| 8. Beineinhängen | 46 | 1 |
| 9. Beininnenhebel | 101 | 1 |
| 10. Fingerhebel | 52–53 | 1 |
| 11. Kipphandhebel | 74–76 | 1 |
| 12. Genickhebel | 83 | 1 |
| | 71 | 2 |
| 13. Große Außensichel | 86 | 1 |

## 3. Ju-Jutsu-Kyu-Grad

1. Vorkenntnisse
2. Falltechniken unter Einwirkung des Angreifers
3. Folgende Grundtechniken sind weitgehend in Kombinationen gegen je einen Angriff nach freier Wahl des Prüflings vorzuführen:
4. Vielfältigkeit:
   Der Prüfling soll je eine Atemi-, Hebel-, Wurf- und eine sonstige Technik aus dem 3. Kyu gegen je drei Angriffe nach freier Wahl vorführen.
5. Freie Abwehr angesagter Angriffe:
   a) mit Kontakt
   b) ohne Kontakt
   c) mit dem Stock
6. Freie Abwehr eines frei angreifenden Gegners:
   a) mit Kontakt
   b) ohne Kontakt
   c) mit dem Stock

| Grundtechniken | Fundstelle Seite | Band |
|---|---|---|
| 1. Fingerstich | 40–41 | 1 |
| 2. Kopfschlag | 93 | 1 |
| 4. Fußstoß seitwärts | 72 | 1 |
| 4. Ellenbogenstoß seitwärts | 69 | 1 |
| 5. Ellenbogenstoß rückwärts | 68 | 1 |
| 6. Ellenbogenstoß abwärts | 40 | 2 |

| Grundtechniken | Fundstelle Seite | Band |
|---|---|---|
| 7. Freies Würgen | 102–103 | 1 |
| 8. Handbeugehebel | 95– 98 | 1 |
| 9. Handdrehbeugehebel | 54– 56 | 1 |
| 10. Armstreckhebel über die Schulter | 98– 99 | 1 |
| 11. Große Innensichel | 106 | 1 |
| 12. Hüftrad | 107 | 1 |
| 13. Schulterwurf | 104–105 | 1 |

## 2. Ju-Jutsu-Kyu-Grad

1. Vorkenntnisse
2. Alle Falltechniken frei
3. Folgende Grundtechniken sind weitgehend in Kombinationen gegen je einen Angriff nach freier Wahl des Prüflings vorzuführen:
4. Vielfältigkeit:
   Der Prüfling soll je eine Atemi-, Hebel-, Wurf- und eine sonstige Technik aus dem 2. Kyu gegen je vier Angriffe nach freier Wahl vorführen.
5. Freie Abwehr angesagter Angriffe:
   a) mit Kontakt
   b) ohne Kontakt
   c) mit Waffen (Stock, Messer)
6. Freie Abwehr eines frei angreifenden Gegners:
   a) mit Kontakt
   b) ohne Kontakt
   c) mit Waffen (Stock, Messer)

| **Grundtechniken** | **Fundstelle Seite** | **Band** | **Grundtechniken** | **Fundstelle Seite** | **Band** |
|---|---|---|---|---|---|
| 1. Handballenschlag | 37 | 2 | 7. Handdrehhebel | 43 | 2 |
| 2. Handballenstoß | 37 | 2 | 8. Körperstreckhebel | 57 | 1 |
| 3. Ellenbogenschlag vorwärts | 84 | 2 | 9. Fersenrückwurf | 85 | 1 |
| 4. Ellenbogenschlag rückwärts | 85 | 2 | 10. Ausheber | 54 | 2 |
| 5. Nervendruck | 52 | 2 | 11. Schaufelwurf | 55 | 2 |
| 6. Knöchelwürge | 74 | 2 | 12. Kopfwurf | 58 | 2 |
| | | | 13. Schulterrad | 60 | 2 |

## 1. Ju-Jutsu-Kyu-Grad

1. Vorkenntnisse
2. Folgende Grundtechniken sind weitgehend in Kombinationen gegen je einen Angriff nach freier Wahl des Prüflings vorzuführen:
3. Vielfältigkeit:
   Der Prüfling soll je eine Atemi-, Hebel-, Wurf- und eine sonstige Technik aus dem 1. Kyu gegen je fünf Angriffe nach freier Wahl vorführen.
4. Freie Abwehr angesagter Angriffe:
   a) mit Kontakt
   b) ohne Kontakt

c) mit Waffen
(Stock, Messer, Faustfeuerwaffe, beweglicher Gegenstand/Kette)

5. Freie Abwehr eines frei angreifenden Gegners:
   a) mit Kontakt
   b) ohne Kontakt
   c) mit Waffen
   (Stock, Messer, Faustfeuerwaffe, beweglicher Gegenstand/Kette)

| Grundtechniken | Fundstelle Seite | Band |
|---|---|---|
| 1. Fußtritt rückwärts | 73 | 1 |
| 2. Fußstoß rückwärts | 68 | 2 |
| 3. Rückentransport | 75 | 2 |
| 4. Bauchstreckhebel | 77 | 1 |
| 5. Beinriegel | 72 | 2 |
| 6. Kippstreckhebel | 100 | 1 |
| 7. Seitstreckhebel | 101 | 1 |
| 8. Doppelhandsichel | 76 | 2 |
| 9. Reisballenwurf | 94 | 2 |
| 10. Kleine Innensichel | 80 | 1 |
| 11. Kleine Außensichel | 109 | 2 |
| 12. Schulterbeinzug | 82 | 2 |
| 13. Außendrehwurf | 81 | 2 |

## 1. Ju-Jutsu-Dan-Grad

1. Vorkenntnisse
2. Folgende Grundtechniken sind weitgehend in Kombinationen gegen je einen Angriff nach freier Wahl des Prüflings vorzuführen:
3. Vier Abwehrhandlungen in Nothilfesituationen nach freier Wahl.
4. Freie Abwehr angesagter Angriffe: (wie 1. Kyu)
5. Freie Abwehr von zwei frei angreifenden Gegnern:
   a) mit Kontakt
   b) ohne Kontakt
   c) mit Waffen (wie 1. Kyu)
6. Erste-Hilfe-Nachweis
7. Lehrbefähigungs-Nachweis

| Grundtechniken | Fundstelle Seite | Band |
|---|---|---|
| 1. Preßluftschlag | 83 | 2 |
| 2. Halbkreisfußtritt vorwärts | 100 | 2 |
| 3. Armbeugehebel | 86 | 2 |
| 4. Beinbeugehebel | 90 | 2 |
| 5. Armriegel | 104 | 2 |
| 6. Beindurchzug | 48 | 1 |
| 7. Körperabbiegen | 47 | 1 |
| 8. Körperrückstoß | 93 | 2 |
| 9. Hüftfegen | 99 | 2 |
| 10. Eckenwurf | 57 | 2 |
| 11. Seitenrad | 96 | 2 |
| 12. Scherenwurf | 97 | 2 |

## 2. Ju-Jutsu-Dan-Grad

1. Vorkenntnisse
2. Folgende Grundtechniken sind weitgehend in Kombinationen gegen je einen Angriff nach freier Wahl des Prüflings vorzuführen:
3. Vier Abwehrhandlungen in Nothilfesituationen nach freier Wahl.
4. Vier zusätzliche SV-Techniken außerhalb des JJ-Prüfungsprogramms nach freier Wahl.
5. Freie Abwehr angesagter Angriffe: (wie 1. Dan)
6. Freie Abwehr von zwei frei angreifenden Gegnern: (wie 1. Dan)
7. Erste-Hilfe-Nachweis
8. Lehrbefähigungs-Nachweis

| **Grundtechniken** | **Fundstelle Seite** | **Band** | **Grundtechniken** | **Fundstelle Seite** | **Band** |
|---|---|---|---|---|---|
| 1. Handinnenkanten-schlag | 63 | 2 | 6. Beinriß | 106 | 1 |
| 2. Halbkreisfußtritt rückwärts | 101 | 2 | 7. Beinrückwurf | 108 | 2 |
| | | | 8. Rückriß | 108 | 2 |
| | | | 9. Körperwurf | 111 | 2 |
| 3. Beinhalsschere | 107 | 2 | 10. Schenkelwurf | 144 | 2 |
| 4. Handdrehgriff | 102 | 2 | 11. Schwertwurf | 113 | 2 |
| 5. Drehstreckhebel | 70 | 2 | 12. Talfallzug | 110 | 2 |

## 3. Ju-Jutsu-Dan-Grad

| | **Fundstelle Band** |
|---|---|
| 1. Vorkenntnisse | 1–2 |
| 2. Zehn Gegentechniken | 3 |
| 3. Zehn Weiterführungstechniken | 3 |
| 4. Acht zusätzliche SV-Techniken außerhalb des JJ-Prüfungsprogramms nach freier Wahl | 1–2 |
| 5. Vier Abwehrhandlungen in Nothilfesituationen nach freier Wahl | – |
| 6. Freie Abwehr von zwei frei angreifenden Gegnern: (wie 1. Dan) | 3 |
| 7. Erste-Hilfe-Nachweis | – |
| 8. Lehrbefähigungs-Nachweis | – |

## 4. Ju-Jutsu-Dan-Grad

| | Fundstelle Band |
|---|---|
| 1. Vorkenntnisse | 1–3 |
| 2. Fünfzehn Gegentechniken | 3 |
| 3. Fünfzehn Weiterführungstechniken | 3 |
| 4. Fünfzehn Abwehrtechniken mit dem Stock | 3 |
| 5. Goshin-jutsu-no-Kata | – |
| 6. Freie Abwehr von zwei frei angreifenden Gegnern: (wie 1. Dan) | 3 |
| 7. Erste-Hilfe-Nachweis | – |
| 8. Ju-Jutsu-F-Lizenz | – |

## 5. Ju-Jutsu-Dan-Grad

| | Fundstelle Band |
|---|---|
| 1. Vorkenntnisse | 1–3 |
| 2. Zwanzig Gegentechniken | 3 |
| 3. Zwanzig Weiterführungstechniken | 3 |
| 4. Zwanzig Abwehrtechniken mit dem Stock | 3 |
| 5. Kime-no-Kata | – |
| 6. Freie Abwehr von zwei frei angreifenden Gegnern: (wie 1. Dan) | 3 |
| 7. Erste-Hilfe-Nachweis | – |
| 8. Ju-Jutsu-F-Lizenz | – |

# Angriffskatalog

(Beispielhafte Aufzählung)

### I. Angriffe mit Kontakt

Handfassen
Handgelenke erfassen
– gegenüberliegend
– diagonal
– zwei Hände erfassen ein Handgelenk
– beide Handgelenke von vorne
– beide Handgelenke von hinten
Ärmel fassen
– von vorne
– von hinten

- diagonal
- gegenüberliegend
- beide

Griff in die Haare von vorne
Griff in die Haare von hinten
Griff in die Revers
- einhändig
- einhändig und Schlag
- beidhändig

Kragenfassen von hinten
- einhändig
- einhändig und Herumreißen
- beidhändig

Schwitzkasten
- von der Seite
- von vorne

Körperumklammerungen (mit und ohne Ausheben)
- von vorne
  - unter den Armen
  - über den Armen
- von hinten
  - unter den Armen
  - über den Armen

Doppelnelson
Würgen
- von vorne einhändig und Schlag
- von vorne beidhändig
- von der Seite
- von hinten beidhändig
- von hinten mit dem Unterarm
- am Boden
  - Gegner seitlich
  - im Reitsitz
  - zwischen den Beinen
  - von hinten
    - Bauchlage
    - Rückenlage

## II. Angriffe ohne Kontakt

Griffansätze
- zum Hals
- zum Körper
- zu den Beinen

Ohrfeige
Rückhandschlag
Schwinger
Doppelschwinger
Aufwärtshaken
Fauststoß
Kopfstoß
Knieschlag
Fußtritt von vorne
Fußstoß von vorne
Halbkreisfußtritt

## III. Angriffe mit Waffen

Stockschläge
- von oben einhändig oder beidhändig
- von der Seite
  - außen
  - innen
- zu den Beinen

Stockstoß
Messerstiche
- von oben
- von der Seite
  - außen
  - innen
- von unten

Florettstich
Messerschnitte
- von außen
- von innen

Faustfeuerwaffenbedrohungen körpernah
- von vorne
- von hinten
- von der Seite

Kette/bewegliche Gegenstände: Schläge
- von oben
- von außen
- von innen
- zu den Beinen
- diagonal über Kreuz

# NÜTZLICHE RATGEBER

## EINE AUSWAHL

Stand: Herbst 1993

## Hobby und Freizeit

Falken-Handbuch
**Zeichnen und Malen**
(**4167**-5) Von B. Bagnall, 336 S., 1154 Farbabb., Pappband. ●●●●●

**Kreativ Zeichnen**
(**4688**-X) Von B. Bagnall, 176 S., zahlr. Farbabb., Pappband. ●●●●

**Punkt, Punkt, Komma, Strich**
Zeichnen leicht gemacht
(**4721**-5) Von H. Witzig, 144 S., 512 s/w-Zeichnungen, Pappband. ●●

**Punkt, Punkt, Komma, Strich**
Zeichenstunde für Kinder
(**0564**-4) Von H. Witzig, 144 S., über 250 Zeichnungen, kart. ●

**Einmal grad und einmal krumm**
Zeichenstunde für Kinder
(**0599**-7) Von H. Witzig, 144 S., 363 Abb., kartoniert. ●

**Figürliches Zeichnen**
leicht gemacht
(**1010**-9) Von H. Witzig, 112 S., 462 Figuren, kartoniert. ●

**Airbrush**
Kreatives Gestalten mit dem Luftpinsel
(**1133**-4) Von C. M. Mette, 80 S., 145 Farbfotos, 40 Farbzeichnungen, kartoniert. ●●

**Kalligraphie**
Die Kunst des schönen Schreibens
(**4263**-9) Von C. Hartmann, 120 S., 44 Farbvorlagen, 29 s/w-Vorlagen, 2 s/w-Zeichnungen, 38 Farbfotos, Pappband. ●●●●

Gestalten mit Schrift
**Kalligraphie**
(**1044**-3) Von I. Schade, 80 S., 2 Farb- und 1 s/w-Foto, 143 Farbzeichnungen, kart. ●●

**Hobby Aquarellmalen**
Landschaft und Stilleben
(**0876**-7) Von I. Schade, A. Brück, 80 S., 111 Farbabb., kart. ●●

**Hobby Ölmalerei**
Landschaft und Stilleben
(**0875**-9) Von H. Kämper, I. Becker, 80 S., 93 Farbabb., kart. ●●

FALKEN
**Lexikon der Seidenmalerei**
Mit großer Farbmischtabelle
(**4737**-1) Von K. Huber, 192 S., ca. 250 Farbfotos, Pappband. ●●●●

**Seidenmalerei in Vollendung**
(**4414**-3) Hrsg. von R. Smend, 160 S., 227 Farbfotos, 36 s/w-Fotos, geprägter Leineneinband mit Schutzumschlag, im Schuber. ●●●●●

**Seidenmalerei und Modedesign**
Modelle · Techniken · Schnittmuster
(**4476**-3) Von B. Hansen, 176 S., 140 Farbf.93 Farb-, 68 s/w-Zeichn., Pappband. ●●●●

**Seidenmalerei Exklusive Tücher**
(**1303**-5) Von E. Schwinge, 80 S., 79 Farbfotos, 6 Zeichnungen, kart. ●●

**Kreative Seidenmalerei**
Motive · Muster · Farbenspiel
(**4720**-7) Von M. Neubacher-Fesser, ca. 136 S., zahlr. Farbabb., Pappband. ●●●●

Seidenmalerei
**Muster über Muster**
20 Künstlerinnen präsentieren 120 Ideen
(**4744**-4) 128 S., 188 Farbabbildungen, Pappband. ●●●●

**Seidenmalerei**
Die wichtigsten Techniken Schritt für Schritt
(**1357**-4) Von B. Hansen, 64 S., zahlr. Farbabb., kartoniert. ●●

**Seidenmalerei als Kunst und Hobby**
(**4264**-7) Von S. Hahn, 136 S., Farbabb., 1 s/w-Foto, Pappband. ●●●●

**Neue zauberhafte Seidenmalerei**
Motive und Anregungen aus der Natur
(**0924**-0) Von R. Henge, 80 S., 148 Farbfotos, 27 s/w-Zeichnungen, kart. ●●

Krawatten, Tücher und Fliegen individuell gestalten
**Seidenmalerei**
(**1242**-X) Von A. Reichmann, 64 S., durchgehend vierfarbig, kart. ●●

**Aquarellieren auf Seide**
Materialien · Techniken · Motive
(**0917**-8) Von I. Demharter, 32 S., 41 Farbfotos, Pappband. ●

**Airbrush auf Seide**
(**1342**-6) Von I. Demharter, 64 S., zahlreiche Farbabbildungen, kart. ●●

**Airbrush Seidenmalerei**
Mit Vorlagen für Schablonen
(**1356**-6) Von C. M. Mette, ca. 80 S., zahlr. Farbabbildungen, kartoniert. ●●●

**Seidenmalerei Bäume und Blätter**
(**5249**-9) Von D. Kosik, 32 S., 5 Farbfotos, 23 Farb- u. 13 s/w-Zeichungen, kart. ●

**Seidenmalerei Landschaften**
(**5153**-0) Von D. Kosik, 32 S., 50 Farbfotos, 12 Zeichnungen, mit Vorlagebogen in Originalgröße, kart. ●

**Seidenmalerei Kissen**
(**5151**-4) Von I. Demharter, 32 S., 42 Farbfotos, 2 Zeichnungen, mit Vorlagebogen in Originalgröße, kart. ●

**Seidenmalerei Blusen und T-Shirts**
(**5184**-0) Von A. Keller, 32 S., 28 Farbfotos, 12 Zeichnungen, mit Vorlagebogen in Originalgröße, kartoniert. ●

**Seidenmalerei Tücher und Schals**
(**5152**-2) Von R. Henge, 32 S., 36 Farbfotos, 1 Zeichnung, mit Vorlagebogen in Originalgröße, kart. ●

**Seidenmalerei Tiermotive**
(**5204**-9) Von A. Keller, 32 S., 37 Farbfotos, mit Vorlagebogen in Originalgröße, kart. ●

Serti Designo
**Seidenmalerei mit Kreidestiften**
(**5208**-1) Von S. Tichy-Gibley, 32 S., 46 Farbfotos, mit Vorlagebogen in Originalgröße, kart. ●

**Seidenmalerei Lampenschirme**
(**5154**-9) Von I. Walter-Ammon, 32 S., 47 Farbfotos, 1 Zeichnung, mit Vorlagebogen in Originalgröße, kart. ●

**Seidenmalerei Blüten, Blätter, Ranken**
(**5165**-4) Von D. Kosik, 32 S., 35 Farbfotos, 4 Zeichnungen, mit Vorlagebogen in Originalgröße, kart. ●

**Seidenmalerei Schmuckkarten und Miniaturbilder**
(**5166**-2) Von I. Walter-Ammon, 32 S., 37 Farbfotos, 2 Zeichnungen, mit Vorlagebogen in Originalgröße, kart. ●

Akzente mit Perlen, Pailetten und Straß
**Seidenmalerei**
(**5248**-0) Von A. Keller, 32 S., ca. 50 Farbf., mit Vorlagebogen in Originalgröße, kart. ●

**Seidenmalerei Bilder in Konturentechnik**
(**5182**-4) Von I. Demharter, 32 S., 28 Farbfotos, 2 Zeichnungen, mit Vorlagebogen in Originalgröße, kart. ●

**Seidenmalerei Applikationen**
(**5224**-3) Von J. Bressau, 32 S., 50 Farbfotos, mit Vorlagebogen in Originalgröße, kart. ●

**Malen auf Seide**
kinderleicht
(**5218**-9) Von R. Henge, 32 S., 11 Farbfotos, 44 Farbzeichn., Vorlagebogen, kartoniert. ●

**Moderne Stoffmalerei**
(**1358**-2) Von H. Sander, 64 S., 73 Farbf., 50 s/w-Zeichn., kart. ●●

**Perfekt Stricken**
Mit Sonderteil Häkeln.
(**4250**-7) Von H. Jaacks, 256 S., 703 Farbfotos, 169 Farb- und 121 s/w-Zeichnungen, Pappband. ●●●●

Das moderne Standardwerk
**Nähen**
(**4709**-6) Von S. von Rudzinski, 176 S., vierfarbig, Pappband. ●●●●

**Marionetten**
selbst bauen und führen
(**1043**-5) Von D. Köhnen, 80 S., 150 Farbfotos, mit Schnittmusterbogen, kartoniert. ●●

**Hampelmänner**
Basteln mit Kindern ab 5 Jahren
(**5240**-5) Von F. Michalski, 32 S., ca. 50 Farbabb., mit Vorlagebg. in Originalgröße, kart. ●

**Künstlerpuppen**
im 20. Jahrhundert
(**4719**-3) Hrsg. R. Höckh, 160 S., 192 Farbfotos, 26 s/w-Fotos, Pappband. ●●●●●

**Charakterpuppen**
aus Cernit und Porzellan selbst gestalten
(**1156**-3) Von S. Becker, 64 S., 143 Farbfotos, 30 Zeichnungen, 13 Vignetten, mit Schnittmusterbogen, kartoniert. ●●

**Puppen zum Liebhaben**
(**5199**-9) Von B. Wehrle, 32 S., 27 Farbfotos, 9 s/w-Zeichnungen, mit Vorlagebogen in Originalgröße, kartoniert. ●

**Neue zauberhafte Salzteig-Ideen**
(**0719**-1) Von I. Kiskalt, 80 S., 324 Farbfotos, 12 Zeichnungen, Schablonen, kart. ●●

Die hier vorgestellten Bücher, Videokassetten und Software sind in folgende Preisgruppen unterteilt:

● Preisgruppe bis DM 10,–/S 79,–/SFr 11,–
●● Preisgruppe über DM 10,– bis DM 20,– S 80,– bis S 160,– SFr 10,– bis SFr 21,–
●●● Preisgruppe über DM 20,– bis DM 30,– S 161,– bis S 240,– SFr 21,– bis SFr 30,–
●●●● Preisgruppe über DM 30,– bis DM 50,– S 241,– bis S 400,– SFr 30,– bis SFr 50,–
●●●●● Preisgruppe über DM 50,–/S 401,–/SFr 50,–
* (unverbindliche Preisempfehlung)

Die Preise entsprechen dem Status beim Druck dieses Verzeichnisses (s. Seite 1) – Änderungen, im besonderen der Preise, vorbehalten –

Falken-Verlag GmbH · Postfach 1120 FALKEN D-65521 Niedernhausen/Ts. · Tel.: 0 61 27 / 70 20

**Salzteig kinderleicht**
(**0973**-9) Von I. Kiskalt, 80 S., 224 Farbfotos, 8 Zeichnungen, kart. ●●

**Hobby Salzteig**
(**0662**-4) Von I. Kiskalt, 80 S., 150 Farbfotos, 5 Zeichnungen und Schablonen, kart. ●●

Kreatives gestalten mit Ton
**Töpfern ohne Scheibe – Aufbaukeramik**
(**0896**-1) Von A. Riedinger, 80 S., 207 Farbfotos, 16 Zeichnungen, 7 Vignetten, kart. ●●

Kreatives Gestalten mit Ton
**Töpfern auf der Scheibe**
(**0971**-2) Von A. Riedinger, 80 S., 28 Farb- und 3 s/w-Zeichnungen, 178 Farbf., kart. ●●

**Kneten und Modellieren**
kinderleicht
(**5217**-0) Von V. Ettelt, 32 S., 12 Farbtafeln, 72 Farbzeichnungen, Vorlagebogen, kart. ●

**Hobby Glaskunst in Tiffany-Technik**
(**0781**-7) Von N. Köppel, 80 S., 194 Farbfotos, 6 s/w-Abb., kart. ●●

**Tiffany-Lampen selbermachen**
Arbeitsanleitung · Materialien · Modelle
(**0684**-5) Von I. Spliethoff, 32 S., 60 Farbfotos, 19 Zeichnungen, Pappband. ●

**Fensterbilder in Tiffany-Technik**
(**5168**-9) Von P. Matz, 32 S., 43 Farbfotos, mit Vorlagebogen in Originalgröße, kart. ●

**Tiffany-Technik**
und andere kunstvolle Arbeiten in Glas
(**0972**-0) Von D. Köhnen, 80 S., 176 Farbfotos, 5 s/w-Zeichnungen, kart. ●●

Rocailles
**Perlenschmuck**
(**5209**-X) Von L. und E. Weiler, 32 S., 45 Farbfotos, 2 Zeichnungen, mit Vorlagebogen in Originalgröße, kartoniert. ●

**Masken**
phantasievoll dekorieren
(**5155**-7) Von Chr. Familler, 32 S., 48 Farbf., mit Vorlagebg. in Originalgröße, kart. ●

**Laubsägearbeiten für das Kinderzimmer**
(**5245**-6) Von H.-P. Krafft, 32 S., ca. 50 Farbf., mit Vorlagebg. in Originalgröße, kart. ●

**Schwingtiere aus Holz gestalten**
(**5222**-7) Von der Arbeitsgem. Werken, 32 S., 50 Farbfotos, mit Vorlagebogen in Originalgröße, kartoniert. ●

FALKEN Video
**Drachen**
bauen und fliegen
(**6141**-2) VHS, ca. 45 Min., in Farbe, mit Broschüre. ●●●●*

**Drachen**
bauen und steigen lassen.
(**0767**-1) Von W. Schimmelpfennig, 80 S., 1 dreiseitige Ausklapptafel, 55 Farbfotos, 139 Zeichnungen, kart. ●●●

**Lenkdrachen**
bauen und fliegen
(**1011**-7) Von W. Schimmelpfennig, 64 S., 51 Farbf. und 126 Zeichnungen, kart. ●●

**Neue Lenkdrachen und Einleiner**
bauen und fliegen
(**1353**-1) Von W. Schimmelpfennig, 80 S., zahlr. Farbabbildungen, kart. ●●●

**Drachen**
Einfache Modelle für Kinder
(**5156**-5) Von W. Schimmelpfennig, 32 S., 11 Farbfotos, 31 Zeichnungen, mit Vorlagebogen, kart. ●

Das große farbige
**Bastelbuch für Kinder**
(**4254**-X) Von U. Barff, I. Burkhardt, J. Maier, 224 S., 157 Farbf., 430 Farb- und 60 s/w-Zeichn., m. Schnittmusterbg., Pappband. ●●●

**Origami**
Tiere aus aller Welt
(**5250**-2) Von J. Maier, 32 S., 19 Farbfotos, 68 Farb- u. 16 s/w-Zeichnungen, kart. ●

**Hobby Origami**
Papierfalten für groß und klein
(**0756**-6) Von Z. Aytüre-Scheele, 80 S., 820 Farbfotos, kart. ●●

**Neue zauberhafte Origami-Ideen**
Papierfalten für groß und klein
(**0805**-8) Von Z. Aytüre-Scheele, 80 S., 720 Farbfotos, kart. ●●

**Zauberwelt Origami**
Tierfiguren aus Papier
(**1045**-1) Von Z. Aytüre-Scheele, 80 S., 660 Farbfotos, kartoniert. ●●

Kreatives Gestalten mit **Papiermaché**
(**5246**-4) Von B. Jetzek-Berkenhaus, 32 S., ca. 50 Farbf., mit Vorlagebg. in Originalgröße, kartoniert. ●

**Marmorieren**
Muster · Techniken · Gestaltungsideen
(**5247**-2) Von T. Hartel, 32 S., ca. 50 Farbf., mit Vorlagebg. in Originalgröße, kart. ●

**Heut basteln wir mit Pappe und Papier**
(**4413**-5) Von U. Barff, J. Maier, 224 S., 117 Farbfotos, 480 Farbzeichn., 25 s/w-Abb., mit Schnittmusterbogen, Pappband. ●●●

**Das große farbige Bastel- und Werkbuch**
(**4439**-9) Von D. Rex, 256 S., 999 Farbfotos, 33 Farbzeichnungen, Pappband. ●●●●

Mein liebstes Spiel- und Bastelbuch
**Die Welt der Dinosaurier**
Tiere und Landschaften zum Selbermachen
Ausbrechen, aufstellen, spielen
(**4478**-X) Von B. Burkart, 8 Blatt mit herauslösbaren Motiven, 280-g-Karton mit Stanzung, 8 S. Bastelanleitung und Sachinformation. ●●

Das große farbige
**Dinosaurierbastelbuch**
(**4686**-3) Von S. Koter, ca. 128 S., zahlr. Farbabb., Vorlagebogen, Pappband. ●●●

**Fensterbilder in Scherenschnitt**
(**5169**-7) Von A. Hahn, 32 S., 52 Farbfotos, 3 s/w-Fotos, mit Vorlagebogen in Originalgröße, kartoniert. ●

**Fensterbilder**
**Meine Lieblingstiere**
(**5197**-2) Von Y. Thalheim, H. Nadolny, 32 S., 38 Farbfotos, mit Vorlagebogen in Originalgröße, kartoniert. ●

**Fensterbilder Lustige Tiere**
(**5210**-3) Von F. Michalski, 32 S., 47 Farbfotos, mit Vorlagebogen in Originalgröße, kart. ●

**Fensterbilder Bauernhof**
(**5264**-2) Von D. Köhnen, 32 S., zahlr. Farbabb., Vorlagebogen, kartoniert. ●

**Fensterbilder Dinosaurier**
(**5260**-X) Von C. Hüfner, 32 S., 8 Farbfotos, 47 Farbzeichnungen, Bastelbogen, kart. ●

Mit Farben und Papieren
**Fenster dekorieren**
(**5255**-3) Von K. Groß, 32 S., 8 Farbfotos, 59 Farbzeichnungen, kart. ●

**Originelle Fensterbilder**
aus Tonpapier und Tonkarton
(**1305**-1) Von D. Köhnen, 64 S., 70 Farbfotos, kartoniert. ●●

**Die schönsten Fensterbilder**
(**1066**-4) Von C. Kimmerle, 64 S., 100 Farbfotos, 7 Zeichnungen, kartoniert. ●●

**Das Fensterbilder-Alphabet**
Basteln mit Kindern ab 5 Jahren
(**5242**-1) Von E. Bohne, 32 S., ca. 50 Farbabb., mit Vorlagebogen in Originalgröße, kart. ●

**Märchenhafte Fensterbilder**
(**5185**-9) Von J. Maier, 32 S., 37 Farbfotos, mit Vorlagebogen in Originalgröße, kart. ●

**Fensterbilder Blumen und Tiere**
(**5186**-7) Von M. Twachtmann, 32 S., 41 Farbfotos, 3 Zeichnungen, mit Vorlagebogen in Originalgröße, kartoniert. ●

**Fensterbilder rund um die Welt**
(**1411**-2) Von D. Köhnen, ca. 64 S., 2 Vorlagebogen, kartoniert. ●●

**Fensterbilder Zahlen**
(**5268**-5) Von E. Bohne, 32 S., zahlr. Farbabbildungen, Vorlagebogen, kartoniert. ●

**Fensterbilder Strand und Meer**
(**5266**-9) Von B. Alex, 32 S., 57 Farbfotos, Vorlagebogen, kartoniert. ●

**Fensterschmuck**
Originelle Ideen für Dekorationen und Fensterbilder
(**1241**-1) Von D. Köhnen, 64 S., ca. 70 Farbfotos, Vorlagebogen, kart. ●●

**Papierflieger**
(**5157**-3) Von T. Gött, 32 S., 73 Farbfotos, 19 Zeichnungen, mit Vorlagebogen in Originalgröße, kart. ●

**Windspielzeug**
Bastelspaß mit Kindern ab 5 Jahren
(**5241**-3) Von D. Köhnen, 32 S., ca. 50 Farbabb., mit Vorlagebogen in Originalgröße, kartoniert. ●

**Flieger und Schiffe aus Papier**
falten, ausbalancieren und steuern
(**1410**-4) Von C. Hüfner, ca. 80 S., zahlr. Farbabb., kartoniert. ●●

**Faltschnitte**
(**5257**-X) Von B. Blankenburg, 32 S., 12 Farbfotos, 42 Farbzeichnungen, Vorlagebogen, kartoniert. ●

**Laternen und Lampions**
(**5206**-5) Von C. Hüfner, 32 S., 60 Farbfotos, mit Vorlagebogen in Originalgröße, kart. ●

**Mobiles aus Papier**
(**5183**-2) Von J. Maier, 32 S., 17 Farbfotos, 35 Farbzeichnungen, mit Vorlagebogen in Originalgröße, kartoniert. ●

**Tiermobiles**
(**5258**-8) Von C. Hüfner, 32 S., 57 Farbzeichnungen, Vorlagebogen, kart. ●

**Bastelideen für Indianerspiele**
(**5252**-9) Von B. Nelich, D. Velte, 32 S., 38 Farbfotos, Vorlagebogen, kart. ●

Der große Verkleidungsspaß
**Kinderkostüme**
(**1304**-3) Von C. Baumgarten, 53 Farbfotos, 183 Farbzeichn., Vorlagebogen, kart. ●●

**Schachteln basteln und dekorieren**
(**5170**-0) Von Chr. Adjano, 32 S., 55 Farbfotos, mit Vorlagebogen in Originalgröße, kart. ●

**Lustige Geschenk- und Schultüten**
(**5263**-4) Von F. Michalski, 32 S., 26 Farbfotos, Vorlagebogen, kartoniert. ●

Deco Art
**Die Kunst, Geschenke zu verpacken**
(**0949**-6) Von B. Niermann, 80 S., 78 Farbfotos, 191 Zeichnungen, kart. ●●

**Geschenke wunderschön verpacken**
(**1113**-X) Von P. Jansen, 80 S., 79 Farbfotos, 166 Farbzeichnungen, kart. ●●

**Geschenke umweltfreundlich verpacken**
(**1240**-3) Von P. Jansen, 64 S., vierfarbige Fotos und Illustrationen, kart. ●●

**Geldgeschenke**
phantasievoll gestalten
(**5251**-0) Von P. Jansen, 32 S., 49 Farbfotos, Vorlagebogen, kart. ●

**Geldgeschenke · Gutscheine · Geschenkanhänger**
originell gestalten und verpacken
(**1115**-6) Von S. Haenitsch-Weiß, A. Weiß, 80 S., 176 Farbfotos, kart. ●●

**Geschenke verpacken für Kinderfeste**
(**5195**-6) Von C. Netolitzky, 32 S., 43 Farbf., mit Vorlagebogen in Originalgröße, kart. ●

Originelles Ambiente für Gäste
**Festdekorationen**
(**1049**-4) Von B. Niermann, 80 S., 125 Farbfotos, 59 Farbzeichn., kartoniert. ●●

**Dekorative Schleifen**
aus Bändern und Papier
(**5205**-7) Von M. Schorege, 32 S., 28 Farbfotos, 31 Farbzeichnungen, mit Vorlagebogen in Originalgröße, kartoniert. ●

Dekorieren und Arrangieren mit
**Seidenblumen**
(**5200**-6) Von M. L. Sprang, 32 S., 37 Farbfotos, 14 Farbzeichnungen, mit Vorlagebogen in Originalgröße, kartoniert. ●

**Schmuck- und Glückwunschkarten**
Papierarchitektur · Collagen · Faltschnittkarten
(**1114**-8) Von C. Sanladerer, 64 S., 55 Farbfotos, 31 Zeichnungen, kart. ●●

**Einladungs-, Tisch- und Menükarten**
selbst gestalten
(**1302**-7) Von S. Haenitsch-Weiß, 80 S., zahlreiche Farbabbildungen, kart. ●●

Der neue Bastelspaß
**Moosgummi**
(**1354**-X) Von S. Boczkowski-Sigges, 64 S., zahlr. Farbabb., kartoniert. ●●

**Osterschmuck**
Neue Ideen für Kränze, Sträuße, Gestecke
(**5267**-7) Von I. Gleim, ca. 32 S., zahlreiche Farbabbildungen, kartoniert. ●

**Ostereier originell dekorieren**
(**5219**-7) Von W. Velte, 32 S., 44 Farbfotos, mit Vorlagebogen in Originalgröße, kart. ●

**Dekorationen für Ostern**
(**5198**-0) Von Y. Thalheim, H. Nadolny, 32 S., 48 Farbfotos, mit Vorlagebogen in Originalgröße, kartoniert. ●

**Fensterbilder für die Osterzeit**
(**5244**-8) Von R. Lübke, D. Lübke, 32 S., ca. 50 Farbfotos, mit Vorlagebogen in Originalgröße, kart. ●

**Basteln für Ostern**
(**5164**-6) Von Chr. Adjano, 32 S., 47 Farbfotos, mit Vorlagebogen in Originalgröße, kart. ●

**Ostereier**
Basteln mit Kindern ab 5 Jahren
(**5243**-X) Von Vera Ettelt, 32 S., mit Spielebogen, kartoniert. ●

**Tischdekorationen für Ostern**
(**5220**-0) Von Chr. Adjano, 32 S., 49 Farbfotos, mit Vorlagebogen in Originalgröße, kartoniert. ●

Basteln und dekorieren für
**Advent und Weihnachten**
(**4446**-1) Von G. Teusen, C. Netolitzky, 176 S., 285 Farbfotos, mit Bastelvorlagebogen, Pappband. ●●●

**Kinderbastelbuch**
für Advent und Weihnachten
(**4687**-1) Von S. Wetzel-Maesmanns, 104 S., ca. 120 Farbfotos, ca. 300 Anleitungsillustrationen, Vorlagebogen, Pappband. ●●

Lustige Bastelideen für die
**Weihnachtszeit**
(**5256**-1) Von B. Löschenkohl, 32 S., 8 Farbf., 69 Farbzeichn., Vorlagebogen, kart. ●

**Basteln für Weihnachten**
(**5162**-X) Von Chr. Adjano, 32 S., 44 Farbfotos, mit Vorlagebogen in Originalgröße, kart. ●

**Fensterbilder Winter und Weihnachten**
(**5275**-8) Von F. Michalski, 48 S., ca. 28 Farbfotos, Vorlagebogen, kartoniert. ●

**Fensterdekorationen für die Weihnachtszeit**
(**5181**-6) Von Y. Thalheim, H. Nadolny, 32 S., 33 Farbfotos, mit Vorlagebogen in Originalgröße, kartoniert. ●

**Fensterbilder für Advent und Weihnachten**
(**5211**-1) Von M. Schorege, 32 S., 24 Farbfotos, 15 Zeichnungen, mit Vorlagebogen in Originalgröße, kartoniert. ●

**Strohsterne**
in bunter Vielfalt
(**5273**-1) Von M. Schorege, 48 S., zahlr. Farbabb., Vorlagebogen, kartoniert. ●

**Adventskalender**
(**5178**-6) Von Y. Thalheim,H. Nadolny, 32 S., 35 Farbfotos, mit Vorlagebogen in Originalgröße, kartoniert. ●

**Duftender Weihnachtsschmuck**
aus Tonpapier und Potpourris
(**5254**-1) Von S. Wetzel-Maesmanns, 32 S., 38 Farbfotos, Vorlagebogen, kartoniert. ●

**Duftsträuße und Potpourris**
(**1239**-X) Von A. Effelsberg, 80 S., ca. 200 vierfarbige Abb., kartoniert. ●●

**Potpourris**
Rezepturen und Geschenkideen
(**5265**-0) Von U. Altmann, 32 S., zahlr. Farbabb., kartoniert. ●

**Trockenblumenideen**
Gewürzsträuße, Gestecke, Kränze, Buketts
(**0643**-8) Von R. Strobel-Schulze, 88 S., 170 Farbfotos, kartoniert. ●●

**Phantasievolles Schminken**
Verzauberte Gesichter für Maskeraden, Laienspiele und Kinderfeste
(**0907**-0) Hrsg.: H. u. Y. Nadolny, 64 S., 227 Farbfotos, kartoniert. ●●

**Schminken für Kinder**
(**5177**-8) Von Y. Thalheim, H. Nadolny, 32 S., 68 Farbfotos, mit Vorlagebogen in Originalgröße, kartoniert. ●

## Do it yourself und Technik

**Moderne Fotopraxis**
(**4401**-1) Von G. Koshofer, Prof. H. Wedewardt, 224 S., 363 Farbfotos, 106 s/w-Fotos, 5 Farb- und 24 s/w-Zeichnungen, Pappband. ●●●●

**Mach dir ein Bild**
Praxistips für Foto, Film und Video
(**4410**-0) Von G. Staab, 208 S., 202 Farbfotos, 175 s/w-Fotos, 1 Zeichnung, Pappband. ●●●●

**So macht man bessere Fotos**
(**1158**-X) Von G. Koshofer, 144 S., 259 Farbfotos, 25 s/w-Fotos, kartoniert. ●●

**Videografieren**
Filmen mit Video 8. Technik – Bildgestaltung – Schnitt – Vertonung.
(**0843**-0) Von M. Wild, K. Möller, 120 S., 101 Farbfotos, 22 s/w-Fotos, 52 Zeichnungen, kart. ●●●

**Videografieren perfekt**
Profitricks für Aufnahmetechnik und Nachbearbeitung
(**0969**-0) Von W. Schild, 120 S., 144 Farbabb., 5 s/w-Zeichnungen, kart. ●●●

**Videofilmen wie ein Profi**
Technik · Motive · Filmaufbau · Nachbearbeitung
(**4506**-9) Von T. Pehle, 232 S., 444 Farbfotos, 61 zweifbg. Zeichnungen, Pappband. ●●●●

Do it yourself
**Heimwerken**
(**4117**-9) Von T. Pochert, 456 S., 1103 Farbfotos, 100 Farbabb., Pappband. ●●●●

**Drechseln**
Material · Technik · Beispiele
(**1306**-X) Von O. Maier, 72 S., 195 Farbabbildungen, 14 s/w-Zeichnungen, kart. ●●

Do it yourself
**Dachgeschoß- und Innenausbau**
(**1243**-8) Von M. Maurer, 96 S., 314 Farbf., 35 Zeichn., kartoniert. ●●

Do it yourself
**Sanitärinstallationen**
(**1118**-0) Von W. Kawlath, 96 S., 214 Farbabbildungen, kartoniert. ●●

Do it yourself
**Metall bearbeiten**
(**1119**-9) Von O. Maier, 96 S., 230 Farbfotos, 6 s/w-Zeichnungen, kartoniert. ●●

Do it yourself
**Elektroarbeiten**
(**0975**-5) Von K. H. Schubert, 120 S., 193 Farbfotos, 40 Zeichnungen, kartoniert. ●●

**Möbel im Designer-Stil**
entwerfen und bauen
(**1360**-4) Von H.-W. Bastian, ca. 64 S., zahlr. Farbabb., kartoniert. ●●●

**Schnitzen**
Hölzer · Muster · Werkzeuge
(**1414**-7) Von O. Maier, ca. 64 S., zahlr. Farbabb., kartoniert. ●●

**Modellbauelektronik**
Fernsteuerungen für Autos, Schiffe, Flugzeuge
(**1361**-2) Von W. Kawlath, 80 S., zahlr. Farbabbildungen, kartoniert. ●●

**Alarmanlagen**
für Wohnung, Haus, Auto
(**1308**-6) Von H.-W. Bastian, 64 S., 81 Farbf., 32 Zeichn., kartoniert. ●●

**Hifi-Boxen**
(**1307**-8) Von U. Hilgefort, 96 S., 160 Farbf., 49 Zeichn., kart. ●●

**Technik im Garten**
Pumpen · Filter · Beleuchtung
(**1238**-1) Von H.-W. Bastian, 64 S., 90 Farbf., 17 Farbzeichnungen, kartoniert. ●●

**Restaurieren von Möbeln**
Stilkunde, Materialien, Techniken, Arbeitsanleitungen in Bildfolgen.
(**4120**-9) Von E. Schnaus-Lorey, 152 S., 37 Farbf., 75 s/w-Fotos, 352 Zeichnungen, Pappband. ●●●●

**Elektronik als Hobby**
Von der Grundlagenschaltung zum integrierten Schaltkreis
Mit 8 wichtigen Universalplatinen
(**4293**-0) Von W. Priesterath, 264 S., 80 s/w-Fotos, 128 Zeichn., Pappband. ●●●●

**Die Super-Sportwagen der Welt**
(**4423**-2) Von H. G. Isenberg, 194 S., 184 Farbfotos, 4 farbige Ausklapptafeln, 32 s/w-Fotos, Pappband. ●●●●

**Die Super-Rennwagen der Welt**
(**4707**-X) Von H. G. Isenburg, 194 S., 189 Farbfotos, 31 s/w-Fotos, Pappband. ●●●●

**Die Super-Trucks der Welt**
(**4257**-4) Von H. G. Isenberg, 194 S., 205 Farbfotos, 87 s/w-Fotos, 7 Farbzeichnungen, 4 farb. Ausklapptafeln, Pappband. ●●●●

**Die Super-Motorräder der Welt**
(**4193**-4) Von H. G. Isenberg, 192 S., 170 Farb- und 100 s/w-Fotos, 8 Zeichnungen, Pappband. ●●●●

**Die Super-Eisenbahnen der Welt**
(**4287**-6) Von W. Kosak, H. G. Isenberg, 224 S., 269 Farbfotos, 79 s/w-Fotos, 8 Vignetten, 5 farb. Ausklapptafeln, Pappband. ●●●●

**Die Super-Dampfloks der Welt**
(**4480**-1) Von H. Faust, H. G. Isenberg, 194 S., 193 Farbfotos, mit vier Ausklapptafeln, Pappband. ●●●●

**Plastikmodellbau**
Autos, Schiffe, Flugzeuge in vollendeter Technik.
(**1116**-4) Von W. Kawlath, 96 S., 272 Farbabbildungen, kartoniert. ●●

# Spiele und Denksport

**Spielbare Witze für Kinder**
(**0824**-4) Von H. Schmalenbach, 112 S., 30 Zeichnungen, kart. ●

**Neue spielbare Witze für Kinder**
(**1173**-3) Von H. Schmalenbach, 96 S., 31 Zeichnungen, kart. ●

**Scherzfragen, Drudel und Blödeleien**
gesammelt von Kindern.
(**0506**-7) Hrsg. von W. Pröve, 80 S., 57 Zeichnungen, kart. ●

**Kinderspiele**
die Spaß machen
(**2009**-0) Von H. Müller-Stein, 104 S., 28 Abbildungen, kart. ●

**Kinderspiele mit Buchstaben und Wörtern**
(**1041**-9) Von Dr. U. Vohland, 96 S., 54 Zeichnungen, kartoniert. ●

**Spiel und Spaß am Krankenbett**
für Kinder und die ganze Familie
(**2035**-X) Von H. Bücken, 96 S., 97 Zeichnungen, kart. ●

**Spiele im Freien**
(**2038**-4) Von G. Wagner, 88 S., 20 zweif. Zeichnungen, kartoniert. ●

**Spiel und Spaß zu Hause**
(**2039**-2) Von U. Geißler, 80 S., 90 zweifbgAbbildungen, kartoniert. ●

**Spiel und Spaß auf Reisen**
Für Kinder und die ganze Familie
(**1085**-0) Von U. Geißler, 80 S., 107 zweifbg.-Zeichnungen, kartoniert. ●

**Kleine Spiele ganz groß**
(**1330**-2) Von U. Vohland, 80 S., 93 s/w-Zeichnungen, kart. ●

**Entdeckungsspiele für die ganze Familie**
Rallyes zu Fuß und mit dem Fahrrad
(**1393**-0) Von U. Vohland, 96 S., 117 Zeichnungen, kartoniert. ●●

**Kinder spielen Theater**
(**4696**-0) Von G. Walter, 160 S., zahlr. Farbabb., Pappband. ●●●

**Guten Tag, Kinder!**
Neue Texte mit Spielanleitungen fürs Kasperletheater.
(**0861**-9) Von U. Lietz, 96 S., 18 s/w-Zeichnungen, kart. ●

**Kasperletheater**
Spieltexte und Spielanleitungen · Basteltips für Theater und Puppen.
(**0641**-1) Von U. Lietz, 114 S., 4 Farbtafeln, 12 s/w-Fotos, 39 Zeichnungen, kart. ●

**Kindergeburtstage, die keiner vergißt**
Planung, Gestaltung, Spielvorschläge.
(**0698**-5) Von G. und G. Zimmermann, 104 S., 80 Vignetten, kart. ●

**Kindergeburtstag**
Vorbereitung, Spiel und Spaß.
(**0287**-4) Von Dr. I. Obrig, 136 S., 40 Abb., 11 Zeichn., 9 Lieder mit Noten, kart. ●●

**Unvergeßliche Kindergeburtstage**
(**4705**-3) Von G. Hennekemper, 176 S., 116 Farbfotos, 134 Farbzeichn., Pappband. ●●●

**Unvergeßliche Kinderfeste**
Tolle Dekorationen, Spiele, Sketche für drinnen und draußen
(**4457**-7) Von Dr. G. Hennekemper, 192 S., 111 Farbfotos, 214 Farb- und 14 s/w-Zeichn., 4 S. Schnittmuster, Pappband. ●●●

**Spielen mit den Allerkleinsten**
(**4691**-X) Von S. Horak, ca. 112 S., zahlr. Farbabb., Pappband. ●●●

**Lauter tolle Sachen, die Kinder gerne machen**
(**4731**-2) Hrsg. U. Barff., 352 S., 117 Farbf., 778 Farbzeichn., Pappband. ●●●

**Das große bunte Spielebuch**
für Kinder von 2 bis 6 Jahren
(**4543**-3) Von R. Grabbet, 160 S., 312 Farbabbildungen, Pappband. ●●●

**Neues Buch der siebzehn und vier Kartenspiele**
(**0095**-2) Von K. Lichtwitz, 96 S., kartoniert. ●

**Alles über Pokern**
Regeln und Tricks.
(**2024**-4) Von C. D. Grupp, 112 S., 29 Kartenbilder, kart. ●

**Rommé und Canasta**
in allen Variationen.
(**2025**-2) Von C. D. Grupp, 88 S., 24 Zeichnungen, kart. ●

**Doppelkopf, Schafkopf,** Binokel, Cego, Tarock und andere Stammtischspiele.
(**2015**-5) Von C. D. Grupp, 112 S., kart. ●

**Black Jack**
Regeln und Strategien des Kasinospiels.
(**2032**-3) Von K. Kelbratowski, 88 S., kart. ●

**Das Skatspiel**
Eine Fibel für Anfänger
(**0206**-8) Von K. Lehnhoff, 96 S., kartoniert. ●

**Spielend Skat lernen**
unter freundlicher Mitarbeit des Deutschen Skatverbandes
(**2005**-8) Von Th. Krüger, 120 S., 181 s/w-Fotos, 22 Zeichn., kart. ●●

**Patiencen**
in Wort und Bild. (**2003**-1) Von I. Wolter-Rosendorf, 120 S., kart. ●

**Neue Patiencen**
(**2036**-8) Von H. Sosna, 160 S., 43 Farbtafeln, kart. ●●

**Spielend Bridge lernen**
(**2012**-0) Von J. Weiss, 96 S., 58 Zeichnungen, kartoniert. ●

**Spieltechnik im Bridge**
(**2004**-X) Von V. Mollo und N. Gardener, dt. Adaption von D. Schröder, 152 S., kart. ●●●

**Neue Kartentricks**
(**2027**-9) Von K. Pankow, 104 S., 20 Abb., kart. ●

**Das japanische Brettspiel Go**
(**2020**-1) Von W. Dörholt, 104 S., 182 Diagramme, kart. ●

**Spielend Go lernen**
(**2041**-4) Von H. Otake, S. Futakuchi, ca. 186 S., kartoniert.

**Mah-Jongg**
Das chinesische Glücks-, Kombinations- und Gesellschaftsspiel. (**2030**-9) Von U. Eschenbach, 80 S., 30 s/w-Fotos, 5 Zeichn., kart. ●

**Backgammon**
für Anfänger und Könner. (**2008**-2) Von G. W. Fink und G. Fuchs, 104 S., 41 Abb., kart. ●

**Einführung in das Schachspiel**
(**0104**-5) Von W. Wollenschläger und K. Colditz, 112 S., 116 Diagramme, kart. ●

**Schach, das königliche Spiel**
Von den Grundzügen zum strategischen Spiel.
(**1105**-9) Von T. Schuster, 192 S., 302 Diagramme, kart. ●●

**Spielend Schach lernen**
(**2002**-3) Von T. Schuster, 96 S., , kartoniert. ●

**Kinder- und Jugendschach**
Offizielles Lehrbuch des Deutschen Schachbundes zur Erringung der Bauern-, Turm- und Königsdiplome.
(**0561**-X) Von B. J. Withuis, H. Pfleger, 144 S., 220 Zeichnungen und Diagramme, kart. ●●

**Zug um Zug**
**Schach für jedermann 1**
Offizielles Lehrbuch des Deutschen Schachbundes zur Erringung des Bauerndiploms.
(**0648**-9) Von H. Pfleger, E. Kurz, 80 S., 24 s/w-Fotos, 8 Zeichnungen, 60 Diagramme, kartoniert. ●

**Zug um Zug**
**Schach für jedermann 2**
Offizielles Lehrbuch des Deutschen Schachbundes zur Erringung des Turmdiploms.
(**0659**-4) Von H. Pfleger, E. Kurz, 128 S., 7 s/w-Fotos, 13 Zeichn., 78 Diagr., kart. ●●

**Zug um Zug**
**Schach für jedermann 3**
Offizielles Lehrbuch des Deutschen Schachbundes zur Erringung des Königsdiploms.
(**0728**-0) Von H. Pfleger, G. Treppner, 128 S., 4 s/w-Fotos, 84 Diagr., 10 Zeichn., kart. ●●

**Schach für Fortgeschrittene**
Taktik und Probleme des Schachspiels
(**0219**-X) Von R. Teschner, 88 S., 85 Diagramme, kartoniert. ●

**Neue Schacheröffnungen**
(**0478**-8) Von T. Schuster, 104 S., 100 Diagramme, kart. ●

**Würfelspiele**
für jung und alt. (**2007**-4) Von F. Pruss, 112 S., 21 s/w-Zeichnungen, kart. ●

**Roulette richtig gespielt**
Systemspiele, die Vermögen brachten.
(**0121**-5) Von M. Jung, 96 S., zahlreiche Tabellen, kart. ●

**Spiele für Party und Familie**
(**2014**-7) Von Rudi Carrell, 80 S., 22 Zeichnungen, kart. ●

**Neue Spiele für Ihre Party**
(**2022**-8) Von G. Blechner, 120 S., 54 Zeichnungen, kartoniert. ●

**Lustige Tanzspiele und Scherztänze**
für Partys und Feste.
(**0165**-7) Von E. Bäulke, 80 S., 53 Abb., kart. ●

Das Spiel mit der Schwerkraft
**Jonglieren**
Mit Bällen, Keulen, Ringen und Diabolo.
(**1009**-5) Von S. Peter, 80 S., 149 Farbfotos, kartoniert. ●

**Zaubern**
einfach – aber verblüffend.
(**2018**-X) Von D. Bouch, 84 S., 41 Zeichnungen, kart. ●

**Tips, Tricks und Gewinnstrategien für Game-Boy-Spiele**
(**1235**-7) Von René Zey, 176 S., 100 Zeichnungen, kart. ●●

**Neue Game-Boy-Spiele**
Sport, Action und Adventure
(**1325**-6) Von R. Zey, 176 S., 21 s/w-Zeichnungen, kart. ●●

**Alles über Super-Nintendo-Spiele**
Technik, Tips und Facts
(**1340**-X) Von D. Mark, 104 S., zahlreiche Farbabbildungen, kart. ●●

**Das 3. Glücksrad Rätselbuch**
(**1391**-4) Ca. 176 S., kartoniert. ●●

**Rätselspiele**
Quiz- und Scherzfragen für gesellige Stunden
(**1270**-5) Von K. H. Schneider, ca. 80 S., ca. 80 s/w-Abb., kart. ●

**Knobeleien und Denksport**
(**2019**-8) Von K. Rechberger, 142 S., 105 Zeichnungen, kart. ●

**So feiert man Feste fröhlicher**
Heitere Vorträge und Gedichte
(**0098**-7) Von Dr. Allos, 96 S., 15 Abb., kart. ●

**Die große Lachparade**
Neue Texte für heitere Vorträge und Ansagen
(**0188**-6) Von E. Müller, 80 S., kart. ●

## Rat und Wissen

**Der gute Ton**
in Gesellschaft und Beruf.
(**0063**-4) Von I. Wolter, 80 S., 42 s/w-Fotos, 7 Zeichnungen, kartoniert. ●

**Der gute Ton**
im Privatleben.
(**1111**-3) Von I. Wolter, bearbeitet von Wolf Stenzel, 104 S., 42 s/w-Abb., kart. ●

**Umgangsformen heute**
Die Empfehlungen des Fachausschusses für Umgangsformen.
(**4015**-6) 252 S., 108 s/w-Fotos, 17 Zeichnungen, Pappband. ●●●

**Benehmen bei Tisch**
(**0988**-7) Von I. Cording, 80 S., 90 Farbfotos, 5 s/w-Zeichnungen, kartoniert. ●●

**Krawatten**
Fliegen, Schals und Tücher gekonnt binden
(**1072**-9) Von Y. Thalheim, H. Nadolny, 48 S., 129 Farbfotos, 1 s/w-Foto, Pappband. ●

freundin
**Farbberatung**
Alle Farben, die Ihnen wirklich stehen
(**4520**-4) Von Chr. Buscher, 128 S., 175 Farbfotos, Pappband. ●●●●

freundin
**Das perfekte Make-up**
(**4727**-4) Von M. Rüdiger, H. Kirchberger, G. Mergenburg, 128 S., 271 Farbfotos, Pappband. ●●●●

freundin Ratgeber
**Hochzeit feiern**
(**4702**-2) Von C. von Hoerner-Nitsch, I. Weber, K. Riebartsch, C. von Bernuth, 128 S., 188 Farbf., 28 s/w-Fotos, Pappband. ●●●●

freundin
**Typ & Frisur**
(**4695**-2) Von E. Bolz, 128 S., zahlr. Farbabb., Pappband. ●●●●

**Gedichte, Reden und Sketche**
für grüne, silberne u. goldene Hochzeitstage
(**1269**-1) Von F. Rieder, 160 S., durchgehend vierfarbig, Pappband. ●●

**Wir heiraten**
Ratgeber zur Vorbereitung und Festgestaltung der Verlobung und Hochzeit.
(**4188**-8) Von C. Poensgen, 216 S., 8 s/w-Fotos, 30 s/w-Zeichnungen, 8 Farbtafeln, Pappband. ●●●

**Von der Verlobung zur Goldenen Hochzeit**
(**0393**-5) Von E. Runge, 112 S., kartoniert. ●

**Hochzeitszeitungen**
Tolle Ideen für Leute von heute
(**1379**-5) Ca. 80 S., zahlr. zweifbg. Abbildungen, kartoniert. ●●

**Die Silberhochzeit**
Vorbereitung · Einladung · Geschenkvorschläge · Dekoration · Festablauf · Menüs · Reden · Glückwünsche. (**0542**-3) Von K. F. Merkle, 112 S., 41 Zeichnungen, kart. ●

**Geburtstagsfeiern für jedes Alter**
Planung und Festgestaltung
(**1382**-5) Von S. Ahrndt, 120 S., 145 Farbfotos, 28 Farbzeichnungen, kart. ●●

**Geburt und Taufe feiern**
Planung und Festgestaltung
(**1443**-0) Von S. Ahrendt, ca. 128 S., ca. 90 Farbabb., kartoniert. ●●

**Wie soll es heißen?**
(**0211**-4) Von D. Köhr, 136 S., kartoniert. ●

**Unsere beliebtesten Vornamen**
(**1023**-0) Von A. F. W. Weigel, 160 S., 75 s/w-Fotos, Pappband. ●●

**Kindergedichte, Lieder und Sketche für Hochzeitsfeiern**
(**1112**-1) Von B. Lins, 72 S., 26 farbige Abbildungen, 15 Lieder, kartoniert. ●

**Neue Kindergedichte und Lieder für Hochzeitsfeste**
(**1431**-7) Von A. Schweiggert, ca. 80 S., kart. ●

**Kindergedichte rund ums Jahr**
(**1040**-0) Von A. Schweiggert, 80 S., 49 Zeichnungen, 6 Vignetten, kartoniert. ●

**Ins Gästebuch geschrieben**
(**0576**-8) Von K. H. Trabeck, 96 S., 24 Zeichnungen, kartoniert. ●

**Der Verseschmied**
Kleiner Leitfaden für Hobbydichter.
(**0597**-0) Von T. Parisius, 96 S., 28 Zeichnungen, kartoniert. ●

**Mach' dir einen Reim**
Der moderne Verseschmied
(**1433**-3) Von G. Rudorf, ca. 160 S., Pappband. ●●

**Die schönsten Volkslieder**
(**0432**-X) Hrsg. D. Walther, 128 S., mit Noten und Zeichnungen, kartoniert. ●

Alte und neue
**Wanderlieder**
(**1268**-3) Von P. G. Walter, 96 S., zweifarbig, kartoniert. ●●

**Neue Glückwunschfibel**
für groß und klein.
(**0156**-8) Von R. Christian-Hildebrandt, 96 S., 13 Vignetten, kartoniert. ●

**Großes Buch der Glückwünsche**
(**0255**-6) Hrsg. von O. Fuhrmann, 176 S., 77 Zeichnungen und viele Gestaltungsvorschläge, kartoniert. ●●

Wetter und Wind ändern sich geschwind
**Beliebte Bauernregeln**
(**1267**-5) Von G. Haddenbach, ca. 80 S., ca. 30 zweifarbige Illustrationen, kart. ●

**Beliebte Verse fürs Poesiealbum**
Rosen, Tulpen, Nelken…
(**0431**-1) Von W. Pröve, 96 S., 11 Faksimile-Abb., kartoniert. ●

**Verse fürs Poesiealbum**
(**0241**-6) Von I. Wolter, 120 S., 20 Abbildungen, kartoniert. ●

Heiter und besinnliche
**Verse fürs Poesiealbum**
(**1069**-9) Von B. H. Bull, 160 S., 70 zweifarbige Illustrationen, Pappband. ●●

**Klassische Verse und Zitate**
Für Glückwünsche, Briefe, Reden und Poesiealben
(**1223**-3) Von P. Motzan, 224 S., 40 Abbildungen, Pappband. ●●

**Die Kunst der freien Rede**
Ein Intensivkurs mit vielen Übungen, Beispielen und Lösungen.
(**4189**-6) Von G. Hirsch, 232 S., 11 Zeichnungen, Pappband. ●●●

**Trinksprüche, Gästebuchverse, Richtsprüche**
(**0224**-6) Von D. Kellermann, 96 S., kart. ●

**Glückwünsche, Toasts und Festreden zu Polterabend und Hochzeit**
(**0264**-5) Von I. Wolter, 112 S., 18 Zeichnungen, kartoniert. ●

**Trinksprüche und Festreden**
(**1321**-3) Von L. Metzner, 144 S., 13 zweifarbige Zeichnungen, Pappband. ●●

**Grußworte**
für Gemeindefeiern, Vereinsjubiläen und andere offizielle Anlässe
(**4741**-X) Von M. Adam, 192 S., ca. 15 Illustrationen, Pappband. ●●

**Moderne Reden und Ansprachen**
(**4742**-8) Von M. Adam, 464 S., Pappband. ●●●●

**Reden zu Familienfesten**
Musteransprachen für viele Gelegenheiten
(**0675**-6) Von G. Georg, 112 S., kartoniert. ●

**Reden im Verein**
Musteransprachen für viele Gelegenheiten
(**0703**-5) Von G. Georg, 112 S., kartoniert. ●

**Reden zum Jubiläum**
Musteransprachen für viele Gelegenheiten
(**0595**-4) Von G. Georg, 112 S., kartoniert. ●

**Reden und Sprüche zu Grundsteinlegung, Richtfest und Einzug**
(**0598**-0) Von A. Bruder, G. Georg, 96 S., kartoniert. ●

**Die überzeugende Rede**
Mehr Erfolg durch bessere Rhetorik
(**0076**-6) Von K. Wolter, G. Kunz, 96 S., kartoniert. ●

**Moderne Korrespondenz**
Handbuch für erfolgreiche Briefe
(**4014**-8) Von H. Kirst und W. Manekeller, 544 S., Pappband. ●●●●

**Musterbriefe**
für alle Gelegenheiten.
(**0231**-9) Hrsg. von O. Fuhrmann, 240 S., kartoniert. ●●

**Der moderne Brief**
Geschäfts- und Privatkorrespondenz empfängerorientiert schreiben
(**1440**-6) Von Dr. G. Reinert-Schneider, ca. 144 S., ca. 15 s/w-Zeichn., kartoniert. ●●

**Geschäftsbriefe**
zeitgemäß und stilsicher
(**1323**-X) Von G. Briese-Neumann, 152 S., kartoniert. ●●

**Geschäftliche Briefe**
für Privatleute, Handwerker und Kaufleute
(**0041**-3) Von G. Briese-Neumann, ca. 120 S., kartoniert. ●

FALKEN-Software
**Musterkorrespondenz in Deutsch, Englisch, Französisch, Italienisch, Spanisch**
(**7041**-1) Diskette 5 1/4" für IBM-PC + Kompatible, mit Begleitbroschüre. ●●●●*
(**7051**-9) Diskette 3 1/2" für IBM-PC + Kompatible, mit Begleitbroschüre. ●●●●*

**Privatbriefe**
Muster für alle Gelegenheiten.
(**0114**-2) Von I. Wolter-Rosendorf, 112 S., kartoniert ●

**Erfolgstips für den Schriftverkehr**
Briefgestaltung · Rechtschreibung · Zeichensetzung · Stil. (**0678**-0) Von U. Schoenwald, 112 S., kart. ●

**Behördenkorrespondenz**
Musterbriefe · Anträge · Einsprüche
(**0412**-5) Von E. Ruge, 112 S., kart. ●

**Worte und Briefe der Anteilnahme**
(**0464**-8) Von E. Ruge, M. Adam, 88 S., mit vielen Abb., kart. ●

**Briefe zu Geburt und Taufe**
Glückwünsche und Danksagungen. (**0802**-3) Von H. Beitz, 96 S., 12 Zeichnungen, kart. ●

**FALKEN Rechtsberater**
Fallbeispiele · Musterbriefe · Gerichtsurteile
(**4734**-7) Hrsg. S. von Hasseln, 756 S., Pappband. ●●●●

**Alles, was man über Erziehungsgeld, Mutterschutz, Erziehungsurlaub wissen muß**
Das neue Recht für Eltern
(**0835**-X) Von K. Möcks, A. Schmitt, 144 S., kartoniert. ●●

**Alles, was man über die nichteheliche Lebensgemeinschaft wissen muß**
(**1071**-0) Von T. Drewes, 104 S., 8 s/w-Zeichnungen, kartoniert. ●●

**Scheidung und Unterhalt**
nach dem neuen Eherecht.
(**0403**-6) Von T. Drewes, 112 S., mit Kosten und Unterhaltstabellen, kart. ●

**Alles, was man über Scheidung und Unterhalt wissen muß**
(**1264**-0) Von T. Drewes, 128 S., kart. ●●

**Alles, was man über Renten wissen muß**
Mit Rentenreformgesetz 1992
(**1265**-9) Von K. Möcks, A. Schmitt, 112 S., kartoniert. ●●

Wolfgang Büsers Erfolgstips
**Rentenreform '92**
(**1244**-6) Von W. Büser, 80 S., kartoniert. ●

Wolfgang Büsers Erfolgstips
**Teilzeitarbeit**
(**1266**-7) Von W. Büser, 80 S., kart. ●●

Wolfgang Büsers Erfolgstips
**(Lohn-) Einkommensteuer '92**
Aktuell: Zinssteuer '93
(**1324**-8) Von W. Büser, 176 S., kart. ●●

**Vermögensbildung mit System**
Anlageformen · Strategien · Praxistips
(**1445**-7) Von W. Schwanfelder, ca. 160 S., kartoniert. ●●

**Alles, was man über BAföG wissen muß**
(**1387**-6) Von A. Mengeringhausen, 144 S., kartoniert. ●●

**Testament und Erbschaft**
Erbfolge, Rechte und Pflichten der Erben, Erbschafts- und Schenkungssteuer, Mustertestamente. (**4139**-X) Von T. Drewes, R. Hollender, 304 S., Pappband. ●●●

**Erbrecht und Testament**
(**0046**-4) Von H. Wandrey, 124 S., kart. ●

**Alles, was man über Testament und Erbschaft wissen muß**
(**0939**-9) Von T. Drewes, 136 S., 9 s/w-Zeichnungen, kart. ●●

**Mietrecht**
Leitfaden für Mieter und Vermieter
(**0479**-6) Von J. Beuthner, 196 S., kart. ●●

**Haushaltstips**
praktisch und umweltfreundlich
(**1046**-X) Von K. Winkell, 96 S., 36 Zeichnungen, kartoniert. ●

**Texte für den Anrufbeantworter**
(**1389**-2) Von G. Kunz, 80 S., 12 s/w-Zeichnungen, kartoniert. ●

**Alles, was man über den Umgang mit Behörden wissen muß**
(**1390**-6) Von K. Möcks, A. Schmitt, 132 S., kartoniert. ●●

**Wege zum Börsenerfolg**
Aktien · Anleihen · Optionen
(**4275**-2) Von H. Krause, 252 S., 4 s/w-Fotos, 86 Zeichnungen, Pappband. ●●●●

FALKEN-Software
**Börsenfieber**
Spielend spekulieren mit Geld und Aktien
(**7016**-0) IBM-PC und Kompatible, Diskette 5 1/4", mit Begleitheft. ●●●●●*
(**7044**-6) für IBM-PC + Kompatible, Diskette 3 1/2", mit Begleitheft. ●●●●●*

FALKEN Software
**Broker King**
Cash und crash an der Terminbörse. Mit Warentermingeschäft und Optionshandel
(**7058**-6) Diskette 3 1/2" für IBM-PC + Kompatible, mit Begleitbroschüre. ●●●●●*

**Wörter und Unwörter**
Sinniges und Unsinniges der deutschen Gegenwartssprache
(**1401**-7) Hrsg. Gesellschaft für deutsche Sprache, 176 S., kartoniert. ●●●

**Richtige Groß- und Kleinschreibung**
durch neue, vereinfachte Regeln. Erläuterungen der Zweifelsfragen anhand vieler Beispiele.
(**0897**-X) Von Prof. Dr. Ch. Stetter, 96 S., kartoniert. ●

**Gutes Deutsch** schreiben und sprechen
(**4432**-1) Von W. Manekeller, Dr. G. Reinert-Schneider, 416 S., durchgehend zweifarbig, Pappband. ●●●●

Mehr Erfolg in der Schule
**Deutsche Rechtschreibung und Grammatik**
Übungen und Beispiele für die Klassen 5–10.
(**4407**-0) Von K. Schreiner, 256 S., durchgehend zweifarbig, Pappband. ●●●●

**Diktate besser schreiben**
Übungen zur Rechtschreibung für die Klassen 4 bis 8
(**0469**-9) Von K. Schreiner, 152 S., 31 Zeichnungen, kartoniert. ●●

FALKEN Software
**Deutsche Grammatik**
Mit fremdsprachiger Bedienerführung
(**7079**-9) Disk. 5 1/4" für IBM-PC + Kompatible, mit Begleitheft. ●●●●●*
(**7080**-9) Disk. 3 1/2" für IBM-PC + Kompatible, mit Begleitheft. ●●●●●*

**Deutsche Grammatik**
Ein Lern- und Übungsbuch
(**0704**-3) Von K. Schreiner, 122 S., kart. ●●

**Aufsätze besser schreiben**
Förderkurs für die Klassen 4 – 10
(**0429**-X) Von K. Schreiner, 144 S., 31 Abb., kartoniert. ●●

Mehr Erfolg in der Schule
**Der Deutschaufsatz**
Übungen und Beispiele für die Klassen 5 – 10.
(**4271**-X) Von K. Schreiner, 240 S., 4 s/w-Fotos, 51 Zeichnungen, Pappband. ●●●●

Mehr Erfolg in der Schule
**Deutsch**
Textinterpretation, Literaturgeschichte und Stilkunde
(**4483**-6) Von K. Schreiner, 272 S., 43 zweifarbige Zeichnungen, Pappband. ●●●●

Mehr Erfolg in der Schule
**Deutsche Rechtschreibung und Grammatik**
(**4407**-0) Von K. Schreiner, 256 S., Pappband. ●●●●

**Gedächtnistraining mit Eselsbrücken**
(**1388**-4) Von W. Ettig, 96 S., 36 s/w-Zeichnungen, kartoniert. ●

**Geschichte**
Von der Französischen Revolution bis zur Gegenwart
(**4723**-1) Von K. Schreiner, 256 S., 50 s/w-Fotos, 10 Farbzeichnungen, 6 zweifarbige Landkarten, Pappband. ●●●●

**Geographie**
Natürliche Grundlagen · Gestaltung der Umwelt · Die Staaten der Erde
(**4724**-X) Von V. Disch, 256 S., ca. 40 Karten und Grafiken, Pappband. ●●●●

Mehr Erfolg in der Schule
**Mathematik 1**
Arithmetik und Algebra. Übungen, Beispiele und Lösungen für die Klassen 5 bis 10.
(**4420**-8) Von R. Müller-Fonfara, 256 S., 193 Zeichn., 2 s/w-Fotos, Pappband. ●●●●

Mehr Erfolg in der Schule
**Mathematik 2**
Geometrie, Statistik, Wahrscheinlichkeitsrechnung und kaufmännisches Rechnen
(**4456**-9) Von R. Müller-Fonfara, W. Scholl, 256 S., 6 s/w-Fotos, 304 Zeichnungen, Pappband. ●●●●

**Mathematische Formeln für Schule und Beruf**
Mit Beispielen und Erklärungen.
(**0499**-0) Von R. Müller-Fonfara, 156 S., 210 Zeichnungen, kart. ●●

**Schülerlexikon der Mathematik**
Formeln, Übungen und Begriffserklärungen für die Klassen 5 – 10
(**0430**-3) Von R. Müller-Fonfara, 176 S., 96 Zeichnungen, kartoniert. ●●

Mehr Erfolg in der Schule
**Mathematik 3**
Analysis, analytische Geometrie und lineare Algebra
(**4541**-7) Von R. Müller-Fonfara, W. Scholl, 240 S., 140 zweifbg. Grafiken, Pappband. ●●●●

Mehr Erfolg in der Schule
**Mathematik 4**
Für die Klassen 11 bis 13
(**4701**-0) Von R. Müller-Fonfara, W. Scholl, 240 S., 91 Zeichnungen, 3 s/w-Fotos, Pappband. ●●●●

**Mathematik-Textaufgaben leicht gelöst**
Aufgaben · Lösungsstrategien · Anwendungsbeispiele
(**1022**-2) Von R. Müller-Fonfara, 128 S., 4 Zeichnungen, kartoniert. ●●

**Rechnen aufgefrischt** für Schule und Beruf.
(**0100**-2) Von H. Rausch, 144 S., kart. ●

Mehr Erfolg in der Schule
**Physik**
Mechanik · Wärmelehre · Optik · Elektrizität · Atomphysik
(**4448**-8) Von Dr. T. Neubert. 240 S., 219 Zeichnungen, Pappband. ●●●●

**Physik verständlich**
Förderkurs für die Klassen 7 bis 10
(**0926**-7) Von Dr. Th. Neubert, 136 S., 146 s/w-Zeichn., 166 Aufgaben, kart. ●●

**Besseres Englisch**
Grammatik und Übungen für die Klassen 5 bis 10.
(**0745**-0) Von E. Henrichs, 144 S., kart. ●●

Mehr Erfolg in der Schule
**Englisch**
Textinterpretationen
(**4518**-2) Von E. Heinrichs-Kleinen, 256 S., Pappband. ●●●●

Mehr Erfolg in der Schule
**Englische Grammatik**
Regeln und Übungen für die Klassen 5 bis 13
(**4431**-3) Von E. Henrichs-Kleinen, 256 S., durchgehend zweifarbig, Pappband. ●●●●

FALKEN Software
**Business English for Secretaries**
Lernen und üben in berufsbezogenen Situationen (**7035**-7) Diskette 5 1/4" für IBM-PC + Kompatible, mit Begleitbroschüre. ●●●●●*
(**7059**-4) Diskette 3 1/2" für IBM-PC + Kompatible, mit Begleitbroschüre. ●●●●●*

FALKEN Software
**The Grammar-Master**
Englische Grammatik üben und beherrschen
(**7002**-0) Diskette für den C 64/C 128 PC ●●●●*
(**7030**-6) Diskette für IBM-PC + Kompatible, mit Begleitheft. ●●●●*

FALKEN-Software
**Vokabeltrainer Englisch**
Von B. Hoppius. (**7001**-2) 2 Disketten für C 64/C 128 PC mit Begleitheft. ●●●●*
(**7034**-9) Diskette 5 1/4" für IBM-PC + Kompatible, mit Begleitheft. ●●●●*
(**7084**-5) Diskette 3 1/2" für IBM-PC + Kompatible, mit Begleitheft. ●●●●*

FALKEN-Software
**Vokabeltrainer Französisch**
Über 2000 Vokabeln und Redewendungen frei erweiterbar
(**7019**-5) Diskette 5 1/4" für IBM-PC und Komp., mit Begleitheft. ●●●●●*

FALKEN-Software
**Je finis, tu finis…**
**maitrisez la grammaire française**
Französische Grammatik lernen und beherrschen
(**7053**-5) Diskette 5 1/4" für IBM-PC + Kompatible, mit Begleitbroschüre. ●●●●*
(**7069**-1) Diskette 3 1/2" für IBM-PC + Kompatible, mit Begleitbroschüre. ●●●●*

FALKEN-Software
**Le monde des affaires en français**
Wirtschaftsfranzösisch leicht gelernt
(**7054**-3) Diskette 5 1/4" für IBM-PC + Kompatible, mit Begleitbroschüre. ●●●●●*
(**7068**-3) Diskette 3 1/2" für IBM-PC + Kompatible, mit Begleitbroschüre. ●●●●●*

**Besseres Französisch**
Grammatik und Übungen für die Klassen 9 bis 11
(**1039**-7) Von R. Lübke, 114 S., durchgehend zweifarbig, kartoniert. ●●

Mehr Erfolg in der Schule
**Französische Grammatik**
Für die Klassen 7 bis 13
(**4703**-7) Von R. Lübke, ca. 256 S., durchgehend zweifarbig, Pappband. ●●●●

FALKEN-Software
**Vokabeltrainer Italienisch**
Über 2000 Vokabeln und Redewendungen frei erweiterbar.
(**7065**-9) Diskette 5 1/4" für IBM-PC + Kompatible, mit Begleitbroschüre. ●●●●*
(**7064**-0) Diskette 3 1/2" für IBM-PC + Kompatible, mit Begleitbroschüre. ●●●●*

FALKEN-Software
**Vokabeltrainer Latein**
Über 2000 Vokabeln und Redewendungen frei erweiterbar
(**7033**-0) Diskette 5 1/4" für IBM-PC + Kompatible, mit Begleitheft. ●●●●*
(**7085**-3) Diskette 3 1/2" für IBM-PC + Kompatible, mit Begleitheft. ●●●●*

**Schnell und sicher zum Führerschein**
Tips und Tricks aus 30jähriger-Fahrlehrer-Praxis.
(**1232**-2) Von O. Einert, 152 S., 156 Farbfotos, 161 z.T. farb. Zeichnungen, kart. ●●

**Der Test-Knacker bei Führerscheinverlust**
(**1262**-4) Von T. Rieh, 128 S., kart. ●●

**Erfolgreiche Bewerbung um einen Ausbildungsplatz**
(**0715**-9) Von H. Friedrich, 128 S., kart. ●

**Bewerbungsstrategien**
Erfolgreiche Konzepte für Karrierebewußte
(**1027**-3) Von Dr. W. Reichel, 128 S., kart. ●●

Karriereplanung mit System
**Bewerbungsstrategien für Frauen**
(**4455**-0) Von R. Ibelgaufts, 144 S., 20 Cartoons, Pappband. ●●

**Die Bewerbung**
Der moderne Ratgeber für Bewerbungsbriefe, Lebenslauf und Vorstellungsgespräche.
(**4138**-1) Von W. Manekeller, 264 S., Pappband. ●●●

**Die erfolgreiche Bewerbung**
Bewerbung und Vorstellung
(**0173**-8) Von W. Manekeller, U. Schoenwald, 144 S., kartoniert. ●●

**Lebenslauf und Bewerbung**
Beispiele für Inhalt, Form und Aufbau
(**0428**-1) Von H. Friedrich, 112 S., kart. ●

**Bewerbungsbriefe und Stellengesuche**
Für handwerkliche, gewerblich-technische und kaufmännische Berufe
(**0138**-X) Von Dr. W. Reichert, ca. 96 S., kartoniert. ●

**Erfolgreiche Bewerbungsbriefe und Bewerbungsformen**
(**0138**-X) Von W. Manekeller, U. Schoenwald, 88 S., kartoniert. ●

Das überzeugende
**Vorstellungsgespräch**
Erfolgreiche Strategien für den ersten Eindruck
(**1261**-6) Von R. Ibelgaufts, 144 S., kart. ●●

**Vorstellungsgespräche**
sicher und erfolgreich führen.
(**0636**-5) Von H. Friedrich, 144 S., kart. ●

**Einstellungstests** und andere Methoden der Bewerberauswahl
(**1263**-2) Von Dr. R. Hilke, H. Hustedt, 160 S., 27 Zeichnungen, kart. ●●

**Keine Angst vor Einstellungstests**
Ein Ratgeber für Bewerber.
(**0793**-6) Von Ch. Titze, 120 S., 67 Zeichnungen, kartoniert. ●

freundin Ratgeber
Psychoterror am Arbeitsplatz
**Mobbing**
(**1434**-1) Von B. Huber, ca. 144 S., kart. ●●

**freundin**
**Kind und Beruf:**
**(K)ein Problem**
(**1322**-1) Von I. Weber, 168 S., 14 Zeichnungen, kartoniert. ●●

freundin Ratgeber
**Neu um Job:**
**So überzeugen Sie**
(**1259**-4) Von G. Teusen, 160 S., kart. ●●

**Die ersten Tage am neuen Arbeitsplatz**
Ratschläge für den richtigen Umgang mit Kollegen und Vorgesetzten
(**0855**-4) Von H. Friedrich, 104 S., kart. ●

**Zeugnisse im Beruf**
richtig schreiben, richtig verstehen
(**0544**-X) Von H. Friedrich, 112 S., kart. ●

**Arbeitszeugnisse**
verstehen und interpretieren
(**1444**-9) Von A. Nasemann, ca. 112 S., kartoniert. ●●

So lernt man leicht und schnell
**Maschinenschreiben**
Lehrbuch für Schulen, Lehrgänge und Selbstunterricht. (**0568**-7) Von M. Kempkes, 112 S., 48 Zeichnungen, kartoniert. ●●

FALKEN-Software
**Maschinenschreiben und Tastaturtraining für Computer**
(**7009**-8) Von B. Hoppius, Diskette 5 1/4" u. 3 1/2" für IBM-PC + Kompatible, mit Begleitheit. ●●●●●*

Leicht und schnell gelernt
**Maschinenschreiben im Selbstunterricht**
(**0170**-3) Von O. Fonfara, 88 S., kartoniert.●

**Buchführung leicht gemacht**
Ein methodischer Grundkurs für den Selbstunterricht (**4238**-8) Von D. Machenheimer, R. Kersten, 252 S., Pappband. ●●●●

**Buchführung leicht gefaßt**
Für Handwerker, Gewerbetreibende und freiberuflich Tätige.
(**0127**-4) Von R. Pohl, 104 S., kartoniert. ●

**Stenografie leicht gelernt**
im Kurus oder Selbstunterricht
(**0266**-1) Von H. Kaus, 64 S., kartoniert. ●

**Gitarre spielen**
Ein Grundkurs für den Selbstunterricht
(**0534**-2) Von A. Roßmann, 96 S., 1 Schallfolie, 150 Zeichnungen, kart. ●●●

Faszinierendes Erlebnis
**Tierwelt**
(**4706**-1) Von U. und W. Dolder, 196 S., 314 Farbzeichnungen, Pappband. ●●●●

**Mein Dschungelbuch**
(**4537**-9) Von W. Fend, 360 S., 561 Farbfotos, Pappband.●●●●

Das große Buch der
**Antworten auf Kinderfragen**
(**4477**-1) Von H. Hofmann, U. Kopp, G. Jankovics u.a., 192 S., 308 Farbzeichnungen, Pappband. ●●●

**Spiele des Lebens?**
Verhaltensweisen und Überlebenskampf der Tiere
(**4524**-7) Von D. Attenborough, 320 S., 163 Farbfotos, Pappband.●●●●

**FALKEN LEXIKON**
Das Wissen unserer Zeit
(**4736**-3) Hrsg. Lexikographisches Institut, 1008 S., ca. 3000 Farbabb., Karten und Tabellen, Pappband. ●●●●

Das neue, farbige
**Jugendlexikon**
(**4472**-0) Von J. Frey, D. Rex, 304 Seiten, 269 und 52 s/w-Fotos, 6 Farbzeichn., Pappband. ●●●●

**Das große farbige Kinderlexikon**
(**4195**-0) Von U. Kopp, 320 S., 493 Farbabb., 17 s/w-Fotos, Pappband. ●●●

**Briefmarken sammeln**
(**0481**-8) Von D. Stein, 120 S., 4 Farbtafeln, 98 s/w-Abbildungen, kartoniert. ●

**Umweltexperimente für Kinder und Jugendliche**
(**4708**-8) Von F. Jantzen, ca. 80 S., ca. 100 farbige Fotos und Zeichnungen, Pappband. ●●●

**Telefonkartenlexikon für Sammler**
(**1406**-6) Von M. Burzan, ca. 160 S., zahlr. Farbabb., kartoniert. ●●●

**Telefonkarten sammeln**
Serien · Preise · Sammeltips
(**1326**-4) Von M. Burzan, 128 S., 251 Farbfotos, kart. ●●

Die Handschrift als Spiegel des Charakters
**Graphologie**
(**1025**-7) Von Dr. W. Busch, 104 S., 87 Schriftproben, kartoniert. ●

**Familienforschung · Ahnentafel · Wappenkunde**
Wege zur eigenen Familienchronik
(**0744**-2) Von P. Bahn, 128 S., 8 Farbtafeln, 30 Abbildungen, kart. ●●

**Familienforschung und Wappenkunde**
(**4485**-2) Von P. Bahn, 224 S., 114 zweifarbige Abbildungen, Pappband. ●●●●●

freundin Ratgeber
**Allein auf Achse**
(**1260**-8) Von H. Guilino, 176 S., kart. ●●

**Brain Building**
Das Supertraining für Gedächtnis, Logik, Kreativität
(**4704**-5) Von M. vos Savant, 256 S., Pappband. ●●●

**Traumdeutung**
Die Bildersprache unserer Traumwelt entschlüsseln
(**4486**-0) Von G. Fink, 384 S., 74 zweifarbige Fotos, Pappband. ●●●●

**Kinderträume**
Ein Ratgeber für Eltern
(**4505**-0) Von G. Fink, ca. 176 S., Pappband. ●●●

**Wahrsagen**
mit den Karten der Madame Lenormand
(**1328**-0) Von B. A. Mertz, 108 S., 39 s/w-Abbildungen, kartoniert. ●●

**Wahrsagen mit Tarot-Karten**
(**0482**-6) Von E. J. Nigg, 112 S., 52 s/w-Abb., Pappband. ●

Die 12 Tierzeichen
**Chinesisches Horoskop**
(**0423**-0) Von G. Haddenbach, 88 S., kartoniert. ●

**Partnerschaftshoroskop**
Glück und Harmonie mit Ihrem Traumpartner.
(**0587**-3) Von G. Haddenbach, 112 S., 11 Zeichnungen, kartoniert. ●

**Im Zeichen der Sterne**
(**0951**-8) Der feurige Widder
(**0952**-6) Der willensstarke Stier
(**0953**-4) Die vielseitigen Zwillinge
(**0954**-2) Der feinfühlige Krebs
(**0955**-0) Der königliche Löwe
(**0956**-9) Die zuverlässige Jungfrau
(**0957**-7) Die charmante Waage
(**0958**-5) Der leidenschaftliche Skorpion
(**0959**-3) Der temperamentvolle Schütze
(**0960**-7) Der treue Steinbock
(**0961**-5) Der selbstbewußte Wassermann
(**0962**-3) Die romantischen Fische
Von G. Haddenbach, 64 S., 35 Farbfotos, Pappband. ●

# Essen und Trinken

**Unsere Kochschule**
(**4526**-3) Von M. Kaltenbach, F. W. Ehlert, 308 S., 736 Farbfotos, Pappband. ●●●●

**Kochen für 1 Person**
Rationell wirtschaften, abwechslungsreich und schmackhaft zubereiten.
(**0586**-5) Von M. Nicolin, 104 S., 8 Farbtafeln, 23 Zeichnungen, kart. ●

**Rezepte für 1 Person**
(**1294**-2) Hrsg. M. Sauerborn, 64 S., 75 Farbfotos, kartoniert. ●

Schnell und individuell
**Die raffinierte Single-Küche**
(**4266**-3) Von F. Faist, 160 S., 151 Farbfotos, Pappband. ●●●●

Für Kenner und Genießer **Lamm**
(**1090**-7) Von H. Imhof, 64 S., 50 Farbfotos, Pappband. ●

Frischer Fang aus Fluß und Meer **Fisch**
(**0964**-X) Von L. Grieser, 48 S., 52 Farbfotos, Pappband. ●●

Zart und edel
**Lachs**
(**1403**-1) Von H. Imhof, 64 S., ca. 50 Farbfotos, Pappband. ●●

**Geflügelgerichte**
(**1348**-5) Hrsg. E. Meyer zu Stieghorst, 64 S., 71 Farbfotos, kartoniert. ●

Gaumenfreuden Tag für Tag
**Pfannengerichte**
(**1007**-9) Von S. Fabke, 64 S., 54 Farbfotos, Pappband. ●●

**Schnitzel, Steaks & Co.**
(**1417**-1) Von N. Frank, 64 S., ca. 50 Farbfotos, kartoniert. ●

**Köstliches aus dem Tontopf**
(**1332**-9) Hrsg. S. Kieslich, 64 S., ca. 50 Farbfotos, kartoniert. ●

Aus eigener Küche **Gute Wurst**
(**0948**-8) Von J. Bessel, G. Quaas, 80 S., 8 Farbtafeln, kart. ●

Aus lauter Lust und Liebe **Knoblauch**
(**0867**-8) Von L. Reinirkens, 64 S., 45 Farbfotos, Pappband. ●●

Bintje, Irmgard und Sieglinde
**Kartoffeln**
(**1032**-X) Von S. Fabke, 64 S., 43 Farb- und 1 s/w-Foto, Pappband. ●

**Kartoffelgerichte**
(**1297**-7) Hrsg. I. Feldhaus, 64 S., 64 Farbfotos, kartoniert. ●

**Nudelgerichte**
(**1293**-4) Hrsg. E. Fuhrmann, 64 S., 66 Farbfotos, kartoniert. ●

Pasta in Höchstform **Nudeln**
(**0884**-8) Von M. Kirsch, 64 S., 62 Farbfotos, Pappband. ●●

**Reis**
Basmati, Patna und Arborio
(**1209**-8) Von K. Iden, 64 S., ca. 50 Farbfotos, Pappband. ●●

Kräftig klar und cremig zart **Feine Suppen**
(**1031**-1) Von H. Imhof, 64 S., 48 Farbfotos, Pappband. ●

Spezialitäten unter knuspriger Decke
**Aufläufe**
(**0882**-1) Von C. Adam, 48 S., 33 Farbfotos, Pappband. ●●

**Aufläufe**
(**1295**-0) Hrsg. E. Fuhrmann, 64 S., 62 Farbfotos, kartoniert. ●

Die Krönung der feinen Küche **Saucen**
(**0817**-1) Von G. Cavestri, 48 S., 40 Farbfotos, Pappband. ●●

Schlank und köstlich **Spargel**
(**1005**-2) Von M. Kirsch, 64 S., 44 Farbfotos, Pappband. ●●

Von Aubergine bis Zucchini **Gemüse**
(**1061**-3) Von H. Cohrs, 64 S., 39 Farbfotos, Pappband. ●

**Gemüsegerichte**
(**1347**-7) Hrsg. E. Fuhrmann, 64 S., 58 Farbfotos, kartoniert. ●

**Gemüseaufläufe**
(**1365**-5) Hrsg. E. Fuhrmann, 64 S., ca. 50 Farbfotos, kartoniert. ●

Statt Breakfast und Lunch **Brunch**
(**1033**-8) Von C. Adam, 64 S., 49 Farbfotos, Pappband. ●

Genießen unter freiem Himmel
**Picknick**
(**1208**-X) Von A. Ilies, 64 S., ca. 50 Farbfotos, Pappband. ●●

Die schönsten Rezepte für
**Frühstück und Brunch**
(**1063**-X) Von K. Kruse-Schorling, 80 S., 8 Farbtafeln, kart. ●

**Schnelle Küche**
Für 2 Personen
(**4718**-5) freundin-Kochstudio, 80 S., 105 Farbf., Pappband. ●●

Kochen auf der richtigen Welle im
**Grill-Mikrowellengerät**
(**1395**-7) Von T. Peters, 96 S., 79 Farbfotos, kartoniert. ●●

**Fritieren**
(**1350**-7) Hrsg. I. Teitge, 64 S., ca. 50 Farbfotos, kartoniert. ●

Schnell auf den Tisch gezaubert
**Kochen mit Mikrowellen**
(**0818**-X) Von A. Danner, 64 S., 52 Farbfotos, Pappband. ●

Italienische Vorspeisen **Antipasti**
(**1006**-0) Von S. Reiter-Westphal, 64 S., 47 Farbfotos, Pappband. ●●

**Italienische Küche**
(**1299**-3) Hrsg. E. Fuhrmann, 64 S., 65 Farbfotos, kartoniert. ●

Schlemmerreise durch die
**Italienische Küche**
(**4172**-1) Von V. Pifferi, 160 S., 109 Farbfotos, Pappband. ●●●●

Spaghetti, Tagliatelle + Co.
**Pasta all'Italiana**
(**1004**-4) Von I. Seyric, 64 S., 57 Farbfotos, Pappband. ●●

**Pizza**
(**1352**-3) Hrsg. M. Sauerborn, 64 S., 72 Farbfotos, kartoniert. ●

Tradition mit Charme
**Wiener Spezialitäten**
(**1343**-4) Von G. Scolik, 64 S., 46 Farbfotos, Pappband. ●●

Schlemmerreise durch die
**Französische Küche**
(**4296**-5) Von H. Imhof, 160 S., 147 Farbfotos, 3 s/w-Fotos, Pappband. ●●●●

Schlemmerreise durch die
**Spanische Küche**
(**4500**-X) Von A. Puente, 160 S., ca. 120 Farbfotos, Pappband. ●●●●

Vom Bosporus zum Ararat
**Türkische Spezialitäten**
(**1191**-1) Von S. Dogan, 64 S., 44 Farbfotos, Pappband.●●

**Indische Küche**
(**1404**-X) Von C. Zingerling, 64 S., ca. 50 Farbfotos, kartoniert. ●

Schlemmerreise durch die
**Thailändische Küche**
(**4722**-3) Von C. Zingerling, 144 S., 164 Farbf., Pappband. ●●●●

Köstlich fernöstlich
**Asiatische Spezialitäten**
(**1286**-1) Von M. Carroll, E. Mognol, 64 S., 49 Farbf., Pappband. ●●

**Chinesische Küche**
(**1289**-6) Hrsg. M. Sauerborn, 64 S., 73 Farbfotos, kartoniert. ●

Schlemmerreise durch die
**Chinesische Küche**
(**4184**-5) Von K. H. Jen, 160 S., 117 Farbfotos, Pappband. ●●●

Gerichte aus dem
**Wok**
(**1291**-8) Hrsg. M. Sauerborn, 64 S., 76 Farbfotos, kartoniert. ●

Mit Lust und Liebe **Chinesisch Kochen**
(**4441**-0) Von Ho Fu-Lung, Uli Franz, 176 S., 189 Farbfotos, 29 Zeichnungen, Pappband. ●●●●

**Fernöstliche Küche**
(**1384**-1) Hrsg. R. Faller, 64 S., ca. 50 Farbfotos, kartoniert. ●

**Rezepte für Tisch- und Gartengrill**
(**1351**-3) Hrsg. V. Müller, 64 S., 59 Farbfotos, kartoniert.●

**Braten auf dem heißen Stein**
(**1300**-0) Hrsg. R. Donhauser, 64 S., 56 Farbfotos, kartoniert. ●

**Rezepte rund um Raclette und Doppeldecker**
(**0420**-6) Von J.W. Hochscheid, 72 S., 8 Farbtafeln, kartoniert. ●

Schlemmen in geselliger Runde
**Fleischfondues**
(**0966**-6) Von M. Spötter, 64 S., 62 Farbfotos, Pappband. ●●

**Fondues und Raclettes**
(**4253**-1) Von F. Faist, 160 S., 125 Farbfotos, Pappband. ●●●●

**Fondues**
(**1298**-5) Hrsg. E. Meyer zu Stieghorst, 64 S., 69 Farbf., kart. ●

**Rezepte fürs Raclette**
(**1290**-X) Hrsg. S. Kieslich, 64 S., 59 Farbfotos, kartoniert. ●

Schmelzendes Käsevergnügen **Raclette**
(**0881**-3) Von F. Faist, 48 S., 33 Farbfotos, Pappband. ●

Gartenfrisch genießen
**Feine Salate**
(**4450**-X) Von P. Nikolay, 160 S., 122 Farbfotos, Pappband. ●●●●

**Köstliche Salate**
zum Verwöhnen
(**0222**-X) Von Chr. Schönherr, 96 S., 8 Farbtafeln, 30 Zeichnungen, kartoniert. ●

**Salate**
(**1346**-9) Hrsg. E. Furhmann, 64 S., 62 Farbfotos, kartoniert.●

Frisch und leicht als Hauptgericht
**Schlemmersalate**
(**0934**-8) Von C. Adam, 64 S., 49 Farbfotos, Pappband. ●●

Köstlich frisch auf den Tisch
**Rohkostsalate**
(**0865**-1) Von C. Adam, 48 S., 26 Farbfotos, Pappband. ●●

Gesund und vielseitig **Alles mit Joghurt** täglich selbstgemacht, mit vielen Rezepten
(**0382**-6) Von G. Volz, 64 S., 8 Farbtafeln, kartoniert. ●

Locker, flockig, leicht...
**Müsli & Co**
(**0965**-8) Von C. Adam, 64 S., 42 Farbfotos, Pappband. ●●

Bärenstark und kerngesund
**Vollwertkost für Kinder**
(**0968**-2) Von S. Reiter, 64 S., 44 Farbfotos, Pappband. ●●

**Gesunde Ernährung für mein Kind**
(**0776**-6) Von M. Bustorf-Hirsch, 112 S., 8 Farbtafeln, 5 s/w-Zeichnungen, kart. ●●

**Eßschule**
Gesunde Ernährung für Kinder im Grundschulalter
(**1314**-0) Von A. Roßmeier, 80 S., 44 Farbf., 50 fbg. Vignetten, Pappband. ●●

**Lieblingsgerichte für Kinder**
Mit Sonderteil: Gesunde Kost für Babys ab 6 Monaten
(**4497**-6) Von G. Righi-Spanfellner, 112 S., 27 Farbzeichnungen, Pappband. ●●●

**Das essen Kinder gern**
(**1405**-8) Hrsg. S. Faust, 64 S., ca. 50 Farbfotos, kartoniert. ●

Mit Lust und Liebe...
**Vollwertküche für Genießer**
(**4412**-4) Von Prof. Dr. C. Leitzmann, H. Million, 256 S., 329 Farbfotos, Pappband. ●●●●

**Vegetarisch kochen und genießen**
Alle Gerichte für 2 Personen
(**4715**-0) Von Prof. Dr. C. Leitzmann, K. Dittrich, C. u. G. Kurz, 128 S., 132 Farbf., Pappband. ●●●●

Das große FALKEN
**Vitaminkochbuch**
für Genießer
(**4714**-2) Von Prof. Dr. troph. M. Hamm, A. Roßmeier, ca. 208 S., zahlr. Farbabb., Pappband. ●●●●

**Die feine Vegetarische Küche**
(**4235**-3) Von F. Faist, 160 S., 191 Farbfotos, Pappband. ●●●●

**Schmackhafte Vollwertkost ohne tierisches Eiweiß**
(**0993**-3) Von M. Bustorf-Hirsch, 96 S., 54 Farbfotos, kartoniert. ●●

**Cholesterinarm kochen und genießen**
(**4442**-9) Von R. Unsorg, 168 S., 132 Farbfotos, kartoniert. ●●●●

Die aktuelle **Cholesterintabelle**
(**1088**-5) Von Dr. H. Oberritter, 84 S., 12 zweifarbige Grafiken, kartoniert. ●

**Die aktuelle Vitamin- und Mineralstofftabelle**
Mit Angaben zu den wichtigsten Vitaminen und Mineralstoffen
(**1110**-5) Von Dr. H. Oberritter, 88 S., 1 zweifarbige Grafik, kart. ●

**Die aktuelle E-Zusatzstoff-Tabelle**
Über 750 Angaben zu Herkunft, Verwendung und möglichen Nebenwirkungen
(**1233**-0) Von T. Pilgram, E.Dahl, 80 S., zweifarbig, kartoniert. ●

**Vollwertküche für Diabetiker**
Köstlich kochen und backen für die ganze Familie
(**4473**-9) Von Prof. Dr. C. Leitzmann, Prof. Dr. H. Laube, H. Million, 168 S., 172 Farbfotos, 8 Zeichnungen, Pappband. ●●●●

**Kochen und backen für Diabetiker**
Gesund und schmackhaft für die ganze Familie
(**4467**-4) Von Dr. med. M. Toeller, W. Schumacher, A. Groote, Dr. troph. A. Klischan, 176 S., 182 Farbfotos, Pappband. ●●●●

**Würzig kochen ohne Salz**
(**0922**-4) Von S. Roediger-Streubel, 160 S., 16 Farbtafeln, kartoniert. ●●

**Die Sojaküche**
Gesund und abwechslungsreich essen
(**0553**-9) Von U. Kolster, 80 S., 8 Farbtafeln, kartoniert. ●

**Gesund kochen mit Keimen und Sprossen**
(**0794**-9) Von M. Bustorf-Hirsch, 96 S., 4 Farbtafeln, 13 s/w-Zeichnungen, kart. ●

**Keime und Sprossen in der Naturküche**
(**4299**-X) Von M. Bustorf-Hirsch, 96 S., 144 Farbfotos, Pappband. ●●●

**Waffeln**
Hörnchen, Pfannkuchen und Crèpes.
(**0522**-9) Von C. Stephan, 64 S., 8 Farbtafeln, kartoniert. ●

**Waffeln**
(**1296**-9) Hrsg. L. Steiger, 64 S., 73 Farbfotos, kartoniert. ●

Mehr Freude und Erfolg beim
**Brotbacken**
(**4148**-9) Von A. und G. Eckert, 160 S., 177 Farbfotos, Pappband. ●●●●

**Meine Vollkornbackstube**
Brot · Kuchen · Aufläufe. (**0616**-0) Von R. Raffelt, 96 S., 4 Farbtafeln, 12 Zeichnungen, kartoniert. ●

**Meine Weihnachtsbackstube**
(**5163**-8) Von M. Sauerborn, 32 S., 23 Farbfotos, mit Vorlagebogen in Originalgröße, kartoniert. ●

Mit Honig, Nuß und Mandelkern
**Weihnachtsplätzchen**
(**1287**-X) Von H. Jaacks, 64 S., 48 Farbf., Pappband. ●●

**Backen ohne Zucker**
(**1234**-9) Von H. Erkelenz, 80 S., 8 Farbtafeln, kart. ●

Süße Verführungen **Desserts**
(**0885**-6) Von M. Bacher, 64 S., 75 Farbfotos, Pappband. ●

Süße Geheimnisse eiskalt gelüftet
**Eis und Sorbets**
(**0870**-8) Von H. W. Liebheit, 48 S., 38 Farbfotos, Pappband. ●●

Raffiniertes mit
**Eis**
Drinks/Desserts/Eissorten
(**1029**-X) Von F. Hoffmann, 64 S., 74 Farbfotos, Pappband. ●●

**Haltbarmachen in der Öko-Küche**
Gesunde Konservierungsmethoden für Obst, Gemüse, Kräuter und Pilze. (**0923**-2) Von M. Bustorf-Hirsch, 120 S., 92 Farbabbildungen, kartoniert. ●●

**Komm, koch und back mit mir**
Kunterbuntes Kochvergnügen für Kinder.
(**4285**-X) Von S. und H. Theilig, illustriert von B. v. Hayek, 112 S., 45 Farbabb., Pappband. ●●

**Lieblingsgerichte für Kinder**
Kerngesund und kunterbunt
(**4497**-6) Von G. Righi-Spanfellner, 112 S., 27 Farbzeichnungen, Pappband. ●●●

Lirum, larum, Löffelstiel...
**Kinder kochen mit Knuddel**
(**1094**-X) Von U. Bültjer, 80 S., 27 zweifarbige Zeichnungen, kartoniert. ●

Backe, backe Kuchen...
**Kinder backen mit Knuddel**
(**1301**-9) Von U. Bültjer, 64 S., 34 Farbf., 60 Farbzeichn., kartoniert. ●

Mit Lust und Liebe
**Garnieren und Verzieren**
Dekoratives zu vielen Anlässen
(**4496**-8) Von M. Müller, E. Pratsch, H. Krieg, 160 S., ca. 100 Farbfotos, Pappband. ●●●●

Mit Lust und Liebe **Kalte Platten & Buffets**
Anrichten und Garnieren
(**4427**-5) Von P. Grotz, 176 S., 228 Farbfotos, Pappband. ●●●●

**Garnieren und Verzieren**
(**4236**-1) Von R. Biller, 160 S., 329 Farbfotos, 57 Zeichnungen, Pappband. ●●●●

Köstlichkeiten für Gäste und Feste
**Kalte Platten**
(**4200**-0) Von I. Pfliegner, 160 S., 130 Farbfotos, Pappband. ●●●●

Wenn Gäste kommen...
**Kalte Küche**
(**1060**-5) Von A. Ilies, 64 S., 49 Farbfotos, Pappband. ●

Raffiniert und vielseitig
**Toasts und Sandwiches**
(**1109**-1) Von R. und T. Donhauser, 64 S., 52 Farbfotos, Pappband. ●●

**Sandwichtoasts**
(**1331**-0) Von F. Faist, 64 S., ca. 50 Farbfotos, kartoniert. ●

**Quiches, Tartes**
und andere pikante Kuchen
(**1407**-4) Hrsg. I. Teitge, 64 S., ca. 50 Farbfotos, kartoniert. ●

freundin
**Snacks**
(**4521**-2) Von V. Müller, 80 S., 87 Farbfotos, Pappband.●●●

Raffiniert kombiniert, schön dekoriert
**Käseplatten**
(**1192**-X) Von S. Carlsson, 64 S., 57 Farbfotos, Pappband.●●

**Festlich kochen und Backen**
für Advent und Weihnachten
(**4443**-7) Von A. Guter, 96 S., 66 Farbfotos, 1 s/w-Foto, Pappband. ●●●

FALKEN
**Festival der schön gedeckten Tische**
(**4738**-X) Von A. F. Endress, ca. 202 S., ca. 80 Farbfotos, 4 Ausklapptafeln, Pappband. ●●●●

**Der perfekt gedeckte Tisch**
(**1028**-1) Von H. Tapper, 80 S., 161 Farbfotos, 13 Zeichnungen, kartoniert. ●●

**Der schön gedeckte Tisch**
Vom einfachen Gedeck bis zur Festtafel stimmungsvoll und perfekt arrangiert.
(**4246**-1) Von H. Tapper, 112 S., 206 Farbfotos, 21 s/w-Abbildungen, Pappband. ●●●

**Servietten falten**
80 Ideen für schön gedeckte Tische
(**1042**-7) Von M. Müller, O. Mikolasek, 80 S., 289 Farbfotos, 50 Zeichnungen, kart. ●●

**Phantasievolle Tischdekorationen selber machen**
(**0984**-4) Von Y. Thalheim, H. Nadolny, 80 S., 174 Farbfotos, 21 Zeichnungen, kart. ●●

**Servietten dekorativ falten**
Geschmackvolle Anregungen aus Stoff und Papier. (**0804**-X) Von H. Tapper, 32 S., 134 Farbfotos, Pappband. ●

**Weine und Säfte, Liköre und Sekt**
selbstgemacht.
(**0702**-7) Von P. Arauner, 232 S., 76 Abb., kartoniert. ●●●

**Was Weinfreunde wissen wollen**
Fragen und Antworten rund um den Wein
(**1224**-1) Von Prof. Dr. K. Röder, H.-G. Dörr, ca. 224 S., kartoniert. ●●

**FALKEN Mixbuch**
(**4733**-9) Hrsg. P. Bohrmann, 560 S., 227 Farbfotos, Pappband. ●●●

**Vitamindrinks**
(**1408**-2) Von H. Reith, W. Hubert, 64 S., ca. 50 Farbfotos, kartoniert. ●

Köstlich, cremig, sahnig, frisch
**Mixen mit Milch**
(**1151**-2) Von S. Carlsson, 64 S., 45 Farbfotos, Pappband.●

**Cocktails und Drinks**
(**1292**-6) Hrsg. S. Kieslich, 64 S., 70 Farbfotos, kartoniert. ●

Fruchtig, spritzig, eisgekühlt
**Mixen ohne Alkohol**
(**0935**-6) Von S. Späth, 64 S., 44 Farbfotos, Pappband. ●●

**Longdrinks**
(**1345**-0) Hrsg. E. Meyer zu Stieghorst, 64 S., ca. 50 Farbfotos, kartoniert. ●

**Light Drinks**
Mixen mit und ohne Alkohol
(**1222**-5) Von S. Edelberg, Heike Reith, 64 S., 48 Farbfotos, Pappband. ●●

**Cocktails**
(**4267**-1) Von W. R. Hoffmann, W. Hubert, U. Lottring, 160 S., 164 Farbfotos, 1 s/w-Foto, Pappband. ●●●●

**Cocktails und Mixereien**
für häusliche Feste und Feiern. (**0075**-8) Von J. Walker, 96 S., 4 Farbtafeln, kart. ●

Schlank werden nach Dr. Hay **Trennkost**
Die bewährten Vollwert-Rezepte von Ursula Summ. (**4298**-1) Von U. Summ, 96 S., 54 Farbfotos, 1 Zeichnung, kart. ●●

**Das große Buch der Trennkost**
Neue Rezepte von Ursula Summ
(**4498**-4) Von U. Summ, 144 S., ca. 100 Farbfotos, Pappband. ●●●

Gesund leben nach Dr. Hay
**Cholesterinarme Trennkost**
Neue Vollwert-Rezepte von Ursula Summ
(**4475**-5) Von U. Summ, 96 S., 52 Farbfotos, kartoniert. ●●

**Die neue Trennkost**
(**4685**-5) Von U. Summ, 96 S., ca. 100 Farbfotos, kartoniert. ●●●

**Schlank nach Maß**
mit der Diät-Computerwaage
(**1064**-8) Von K. Alisch, 104 S., 8 Farbtafeln, kartoniert. ●

**Gesundes Essen für Berufstätige**
Die 4-Wochen-Vollwertkur (**1065**-6) Von M. Weber, ca. 80 S., 8 Farbtafeln, kart. ●

## Garten und Tiere

**FALKEN Gartenjahr**
(**4730**-4) Von K. Greiner, A. Weber, P. Michaeli-Achmühle, 320 S., 380 Farbabbildungen, Pappband. ●●●●

**Garten heute**
Der moderne Ratgeber · Über 1000 Farbbilder. (**4283**-3) Von H. Jantra, 384 S., über 1000 Farbabb., Pappband. ●●●●

**Helmut Jantras Gartenbuch**
Obst · Gemüse · Blumen
(**4522**-0) Von H. Jantra, 200 S., 395 Farbfotos, 123 Farbzeichnungen, 25 Tabellen, Pappband. ●●

**1000 ganz bewährte Garten-Tips**
(**4453**-4) Von H. Jantra, 320 S., 288 zweifbg. und 62 s/w-Zeichn.,, Pappband. ●●●

Obst, Gemüse, Blumen, Gras
**Gärtnern macht den Kindern Spaß**
(**4517**-4) Von U. Krüger, 96 S., 85 Farbfotos, 180 Farbzeichznungen, Pappband. ●●

**Rosen**
(**4692**-8) Von H. Steinhauer, ca. 144 S., zahlr. Farbabb., Pappband. ●●●●●

**Rosen**
Auswahl · Pflege · Gestaltung
(**1183**-0) Von H. Jantra, 120 S., 200 Farbfotos, 20 Farbzeichnungen, 8 Bepflanzungspläne, kartoniert. ●●

**Bunte Pracht der Stauden**
Auswahl · Pflege · Gestaltung
(**1376**-0) Von H. Jantra, ca. 112 S., ca. 140 Farbabb., kartoniert. ●●●

**Erfolgstips für den Obstgarten**
Gesunde Früchte durch richtige Sortenwahl und Pflege
(**0827**-9) Von F. Mühl, 184 S., 16 Farbtafeln, 33 Zeichnungen, kartoniert. ●●

**Erfolgstips für den Gemüsegarten**
Mit naturgemäßem Anbau zu höherem Ertrag. (**0674**-8) Von F. Mühl, 80 S., 30 s/w-Fotos, 4 Zeichnungen, kartoniert. ●●

**Obstgehölze sachgemäß schneiden**
(**1127**-X) Von P. G. Wilhelm, 136 S., 8 s/w-Abb., 367 Zeichnungen, kart.●●

**Kompost im Hausgarten**
herstellen und anwenden
(**1258**-6) Von H. Abels, J. Jöstingmeier, ca. 30 zweifarbige Zeichnungen, kart. ●

**Der naturgemäße Zier- und Wohngarten**
Anlegen · Gestalten · Pflegen
(**0748**-5) Von I. Gabriel, 128 S., 72 Farbfotos, 46 Farbzeichnungen, kartoniert. ●●

**Natürlich gärtnern unter Glas und Folie**
Anbauen und ernten rund ums Jahr
(**0722**-1) Von I. Gabriel, 128 S., 62 Farbfotos, 45 Farbzeichnungen, kartoniert. ●●

**Schneckenbekämpfung**
giftfrei und naturgemäß
(**1378**-7) Von B. Meyer, Y. Thalheim, 64 S., 25 s/w-Zeichnungen, 8 Farbtafeln, kartoniert.●●

**Dekorative Kübelpflanzen**
Auswahl und Pflege
(**1074**-5) Von H. Jantra, 112 S., 180 Farbfotos, 35 Farbzeichnungen, kartoniert. ●●

**Blütenpracht auf Balkon und Terrasse**
(**0928**-3) Von M. Haberer, 88 S., 139 Farbfotos, kartoniert. ●●

**Moderne Gartengestaltung**
(**1255**-1) Von K. Greiner, A. Weber, 128 S., mit Rasterbogen und Planelementen zum Ausschneiden, ca. 120 Farbfotos, ca. 20 vierfarbige Pläne, kart. ●●●

Gestaltungsideen für
**Schöne Gärten**
(**4482**-8) Von H. Jantra, 168 S., 309 Farbfotos, 3 s/w-Fotos,, Pappband. ●●●●●

**Der pflegeleichte Hausgarten**
(**1170**-9) Von H. Jantra, 112 S., vierfarbige Abb., kart. ●●

**Schöne Kräutergärten**
(**1256**-X) Von H. Jantra, 112 S., vierfarbige Abb., kart. ●●

**Kleingärten**
Planen · Anlegen · Pflegen
(**1015**-X) Von H. Jantra, 88 S., 123 Farbfotos, 1 s/w-Foto, 14 Farbzeichnungen,, kart. ●●

**Reihenhausgärten**
Planen · Anlegen · Pflegen
(**1016**-8) Von H. Jantra, 104 S., 134 Farbfotos, 45 Farbzeichnungen, kart. ●●

**Kletterpflanzen**
Mit Sonderteil Dachbegrünung
(**4546**-8) Von U. Mehl, K. Werk, 128 S., ca. 150 Farbfotos, farbige und s/w-Zeichnungen, Pappband. ●●●●●

**Steingärten** Wirkungsvoll gestalten und sachgerecht pflegen
(**4452**-6) Von A. Throll-Keller, 128 S., 203 Farbf., 56 Farbzeichn., Pappband. ●●●●

**Gartenteiche, Tümpel und Weiher**
naturnah anlegen und pflegen
(**1073**-7) Von Dr. F. Liedl, H. Goos, 80 S., 87 Farbfotos, 39 Farbzeichnungen, kart. ●●

**Wasser im Garten**
Von der Vogeltränke zum Naturteich · Natürliche Lebensräume selbst gestalten. (**4230**-2) Von H. Hendel, P. Keßeler, 240 S., 315 Farbabb., 11 s/w-Fotos, Pappband. ●●●●●

**Pflanzen und Tiere für den Gartenteich**
(**1171**-7) Von W. Costa, 128 S., 169 Farbfotos, 40 Farbzeichnungen, 8 Bepflanzungspläne, kartoniert. ●●

**Wintergärten**
Das Erlebnis, mit der Natur zu wohnen. Planen, Bauen und Gestalten.
(**4256**-6) Von LOG ID, 136 S., 130 Farbfotos, 107 Zeichnungen, Pappband. ●●●●●

Rund ums Jahr erfolgreich gärtnern
**Gewächshäuser**
planen · bauen · einrichten · nutzen
(**4408**-9) Von Dr. G. Schoser, J. Wolff, 232 S., 368 Farbabb., 5 s/w-Fotos, Pappband. ●●●●●

Das moderne Handbuch **Zimmerpflanzen**
(**4416**-X) Von H. Jantra, 304 S., 766 Farbfotos, 64 Farb- und 19 s/w-Zeichnungen, Pappband. ●●●●

**365 Erfolgstips für schöne Zimmerpflanzen**
(**0893**-7) Von H. Jantra, 144 S., 215 Farbfotos, kartoniert. ●●

**Dekorative Blattpflanzen**
Auswahl und Pflege
(**1128**-8) Von H. Jantra, 128 S., 198 Farbfotos, 20 Farbzeichnungen, kartoniert. ●●

Prof. Stelzers grüne Sprechstunde
**Gesunde Zimmerpflanzen**
Krankheiten erkennen und behandeln. Mit neuem Diagnosesystem.
(**4274**-4) Von Prof. Dr. G. Stelzer, 192 S., 410 Farbfotos, 10 s/w-Zeichn., Pappband. ●●●●

**Hydrokultur**
Pflanzen ohne Erde – mühelos gepflegt.
(**0944**-5) Von H.-A. Rotter, 144 S., 167 Farbfotos, 13 Farbzeichnungen, kart. ●●

Gesunde Pflanzen in
**Hydrokultur**
(**1257**-8) Von H.-A. Rotter, 80 S., ca. 60 s/w-Zeichnungen, 8 Farbtafeln, kart. ●

**Bonsai** Japanische Miniaturbäume und Miniaturlandschaften. Anzucht, Gestaltung und Pflege.
(**4091**-1) Von B. Lesniewicz, 160 S., 106 Farbfotos, 46 s/w-Fotos, 115 Zeichnungen, gebunden. ●●●●●

**Kakteen**
Auswahl · Pflege · Vermehrung
(**1429**-5) Von G. Andersohn, ca. 120 S., zahlr. Farbabb., kartoniert. ●●●

Grzimek Juniors **BUNTE TIERWELT**
(**4295**-7) Von Chr. Grzimek, 208 S., 308 Farbfotos, Pappband. ●●●●

**Hunde**
Rassen · Ausbildung · Pflege · Zucht
(**4118**-7) Von H. Bielfeld, 192 S., 222 Farb- und 73 s/w-Abb., Pappband. ●●●●

**Das neue Hundebuch**
Rassen · Aufzucht · Pflege (**0009**-X) Von W. Busack, überarbeitet von Dr. med. vet. A. H. Hacker und H. Bielfeld, 112 S., 8 Farbtafeln, 27 s/w-Fotos, 6 Zeichnungen, kartoniert. ●

**Alles über Dackel, Teckel und Dachshunde**
(**1079**-6) Von M. Wein-Gysae, 80 S., 46 Farbfotos, 2 zweifarbige Zeichnungen, kart. ●●

**Hundeausbildung**
Verhalten · Gehorsam · Ausbildung
(**0346**-3) Von R. Menzel, 88 S., 26 Fotos, kartoniert. ●

**Grundausbildung für Gebrauchshunde**
Schäferhund, Boxer, Rottweiler, Dobermann, Riesenschnauzer, Airedaleterrier, Hovawart und Bouvier.
(**0801**-5) Von M. Schmidt und W. Koch. 104 S., 8 Farbtafeln, 51 s/w-Fotos, 5 s/w-Zeichnungen, kartoniert. ●●

**Der Hund in der Familie**
(**1014**-1) Von J. Werner, 128 S., 106 Farbfotos, kartoniert. ●●

**Der Deutsche Schäferhund**
(**1091**-5) Von U. Förster, 112 S., 47 Farbzeichnungen, 2 s/w-Fotos, kartoniert. ●●

**Der Deutsche Schäferhund**
Aufzucht · Pflege und Ausbildung
(**0073**-1) Von A. Hacker, 104 S., 56 Abbildungen, kartoniert. ●

**Alles über junge Hunde**
(**0863**-5) Von Dr. med. vet. E. M. Bartenschlager, 64 S., 49 Farbfotos, 6 Zeichnungen, kartoniert. ●●

**Richtige Hundeernährung**
(**0811**-2) Von Dr. med. vet. E. M. Bartenschlager, 80 S., 51 Farbf., 4 Farbzeichn, kart. ●●

**Hundekrankheiten**
(**1077**-X) Von Dr. med. vet. R. Spangenberg, 96 S., 44 Farb- und 1 s/w-Foto, 22 Farbzeichnungen, kartoniert. ●●

Von Ajax bis Zamperl
**Die beliebtesten Hunde-Namen**
(**1174**-1) Von H.-J. Schließke, ca. 80 S., kart. ●

**Die Katze in der Familie**
(**1076**-1) Von U. Birr, 128 S., zahlr. Farbabb., kartoniert. ●●

**Katzen**
Rassen · Verhalten · Pflege · Zucht
(**4158**-6) Von B. Gerber, 176 S., 294 Farb- und 88 s/w-Fotos, Pappband. ●●●●

**Das neue Katzenbuch**
Rassen · Aufzucht · Pflege.
(**0427**-3) Von B. Eilert-Overbeck, 120 S., 14 Farbfotos, 26 s/w-Fotos, kartoniert. ●

**Katzenkrankheiten**
erkennen und behandeln
(**1078**-8) Von Dr. med. vet. R. Spangenberg, 104 S., 40 Farbfotos und 11 Farbzeichnungen, kartoniert. ●●

**Junge Katzen**
(**0862**-7) Von Dr. med. vet. E. M. Bartenschlager, 72 S., 40 Farbfotos, 4 Farbzeichnungen, kartoniert. ●●

**Pferde**
(**4186**-1) Von H. Werner, 176 S., 196 Farb- und 50 s/w-Fotos, 100 Zeichnungen, Pappband. ●●●●

**Reiten im Bild**
(**0415**-X) Von H. Werner, 128 S., 142 Farbfotos, 107 Farbzeichnungen, kartoniert. ●●

**Der Hobby-Imker**
(**0978**-X) Von Dr. R. F. A. Moritz, 144 S., 106 zweifarbige Zeichnungen, kartoniert. ●●

**Geflügelhaltung als Hobby**
(**0749**-3) Von M. Baumeister, H. Meyer, 184 S., 8 Farbtafeln, 47 s/w-Fotos, 15 zweifarbige Zeichnungen, kartoniert. ●●●

**Sittiche und kleine Papageien**
(**0864**-3) Von Dr. med. vet. E. M. Bartenschlager, 88 S., 84 Farbfotos, 9 Zeichnungen, kartoniert. ●●

**Alles über Großsittiche**
(**1320**-5) Von H. Bielfeld, 88 S., 88 Farbfotos, 3 Farbzeichnungen, kart. ●●

**Alles über Wellensittiche**
(**1129**-6) Von H. Bielfeld, 64 S., 53 Farbfotos, 3 Zeichnungen, kartoniert. ●●

**Alles über Kanarienvögel**
(**0901**-1) Von H. Schnoor, 64 S., 58 Farbfotos und Zeichnungen, kartoniert. ●●

Die Tiersprechstunde
**Artgerechte Vogelfütterung im Winter**
(**0908**-9) Von Dr. W. Keil, 64 S., 51 Farbfotos und Zeichnungen, kartoniert. ●

**Elternlose Jungvögel**
Erste Hilfe · Aufzucht · Auswilderung
(**1319**-1) Von I. Polaschek, 80 S., 80 Farbfotos, 5 Farbzeichnungen, kart. ●●

**Diskusfische**
Arten · Haltung · Pflege
(**1432**-5) Von H. Hirsch, 60 S., ca. 50 Farbfotos, kartoniert. ●●

**Süßwasser-Aquarium**
(**4191**-8) Von H. J. Mayland, 288 S., 564 Farbfotos, 75 Zeichnungen, Pappband. ●●●●●

Die Tiersprechstunde
**Gesunde Fische im Süßwasseraquarium**
(**1013**-3) Von H. J. Mayland, 96 S., 73 Farbfotos, 10 Zeichnungen, kartoniert. ●●

**Alles über Zwerg- und Goldhamster**
(**1012**-5) Von M. Mettler, 96 S., 96 Farbfotos, kartoniert. ●●

**Alles über Chinchillas und Degus**
(**1130**-X) Von M. Mettler, 96 S., 80 Farbfotos, 3 Zeichnungen, kartoniert. ●●

**Alles über Meerschweinchen**
(**0809**-0) Von Dr. med. vet. E. M. Bartenschlager, 72 S., 43 Farbfotos, 11 Farbzeichnungen, kartoniert. ●●

**Alles über Zwergkaninchen**
(**1075**-3) Von M. Mettler,. 64 S., 52 Farbfotos, kartoniert. ●●

**Alles über Rennmäuse**
(**1318**-3) Von M. Mettler, 80 S., 74 Vignetten, kart. ●●

## Sport und Fitneß

**Neue Lehrmethoden der Judo-Praxis**
(**0424**-9) Von P. Herrmann, 223 S., 475 Abb., kartoniert. ●●

**Judo perfekt 1**
(**1249**-7) Von K. Fuchs, 128 S., kart. ●●

**Fußwürfe**
für Judo, Karate und Selbstverteidigung.
(**0439**-7) Von H. Nishioka, übers. von H. J. Heese, 96 S., 260 Abb., kart. ●●

**Karate 1**
zur Selbstverteidigung
(**1312**-4) Von M. Nakayama, 96 S., 315 s/w-Fotos, 5 Zeichn., kart. ●●

**Karate 2**
zur Selbstverteidigung
(**1362**-0) Von M. Nakayama, 96 S., 245 s/w-Fotos, kart. ●●

**Nakayamas Karate perfekt 1**
Einführung.
(**0487**-7) Von M. Nakayama, 136 S., 605 s/w-Fotos, kart. ●●

**Nakayamas Karate perfekt 2**
Grundtechniken.
(**0512**-1) Von M. Nakayama, 136 S., 354 s/w-Fotos, 53 Zeichnungen, kart. ●●

**Nakayamas Karate perfekt 3**
Kumite 1: Kampfübungen.
(**0538**-5) Von M. Nakayama, 128 S., 424 s/w-Fotos, kart. ●●

**Nakayamas Karate perfekt 4**
Kumite 2: Kampfübungen.
(**0547**-4) Von M. Nakayama, 128 S., 394 s/w-Fotos, kart. ●●

**Nakayamas Karate perfekt 5**
Kata 1: Heian, Tekki.
(**0571**-7) Von M. Nakayama, 144 S., 1229 s/w-Fotos, kart. ●●

**Nakayamas Karate perfekt 6**
Kata 2: Bassai-Dai, Kanku-Dai.
(**0600**-4) Von M. Nakayama, 144 S., 1300 s/w-Fotos, 107 Zeichnungen, kart. ●●

**Nakayamas Karate perfekt 7**
Kata 3: Jitte, Hangetsu, Empi.
(**0618**-7) Von M. Nakayama, 144 S., 1988 s/w-Fotos, 105 Zeichnungen, kart. ●●

**Nakayamas Karate perfekt 8**
Gankaku, Jion.
(**0650**-0) Von M. Nakayama, 144 S., 1174 s/w-Fotos, 99 Zeichnungen, kart. ●●

**Karate**
(**2308**-1) Von A. Pflüger, 96 S., 134 Farbfotos, 4 s/w-Zeichnungen, kart. ●●

**Bo-Karate**
Habo-Jitsu – die Techniken des Stockkampfes.
(**0447**-8) Von G. Stiebler, 176 S., 424 s/w-Fotos, 38 Zeichnungen, kart. ●●

**Karate 1**
Einführung · Grundtechniken.
(**0227**-0) Von A. Pflüger, 144 S., 195 s/w-Fotos, 120 Zeichnungen, kart. ●

**Karate 2**
Kombinationstechniken · Katas.
(**0239**-4) Von A. Pflüger, 176 S., 452 s/w-Fotos und Zeichnungen, kart. ●●

**Karate Kata 1**
Heian 1–5, Tekki 1, Bassai-Dai.
(**0683**-7) Von W.-D. Wichmann, 164 S., 703 s/w-Fotos, kart. ●●

**Karate Kata 2**
Jion, Empi, Kanku-Dai, Hangetsu.
(**0723**-X) Von W.-D. Wichmann, 140 S., 661 s/w-Fotos, 4 Zeichnungen, kart. ●●

**Karate Kata 3**
Bassai Sho, Kanku Sho, Nijushiho, Sochin.
(**1120**-2) Von W.-D. Wichmann, 144 S., 598 s/w-Fotos, 4 Grafiken, kart. ●●

Dragon – der Drache
**Die Bruce-Lee-Story**
(**1415**-5) Von L. Lee, ca. 192 S., zahlr. s/w-Abb., kartoniert. ●●●

**Bruce Lees Kampfstil 1**
Grundtechniken
(**0473**-7) Von B. Lee, M. Uyehara, 109 S., 220 Abb., kart. ●

**Bruce Lees Kampfstil 2**
Selbstverteidigungs-Techniken
(**0486**-9) Von B. Lee, M. Uyehara, 128 S., 310 Abb., kart. ●

**Bruce Lees Kampfstil 3**
Trainingslehre
(**0503**-2) Von B. Lee, M. Uyehara, 112 S., 246 Abb., kart. ●

**Bruce Lees Kampfstil 4**
Kampftechniken
(**0532**-7) Von B. Lee, M. Uyehara, 104 S., 211 Abb., kart. ●

**Bruce Lee Kung-Fu**
zur Selbstverteidigung
(**1399**-X) Von B. Lee, 104 S., 120 s/w-Abb., kartoniert. ●●

**Shaolin Kung-Fu 1**
Grundlagen chinesischer Kampfkunst
(**1363**-9) Von C. D. Yao, R. Fassi, 124 S., 207 s/w-Fotos, 30 s/w-Zeichnungen, kartoniert. ●●●

**Shaolin Kung-Fu 2**
Kampftechniken für Angriff und Abwehr
(**1416**-3) Von C. D. Yao, R. Fassi, ca. 144 S., ca. 600 s/w-Abb., kartoniert. ●●

**Kung-Fu 1**
Legende · Philosophie · Grundtechniken
(**0891**-0) Von Chr. Yim, 152 S., 401 s/w-Fotos, 2 s/w-Zeichnungen, kart. ●●

**Kung-Fu und Thai-Chi**
Grundlagen und Bewegungsabläufe
(**0367**-6) Von B. Tegner, 182 S., 370 s/w-Fotos, kart. ●●

**Kung Fu**
Theorie und Praxis klassischer und moderner Stile
(**0376**-5) Von M. Pabst, 160 S., 330 Abbildungen, kartoniert. ●●

**Bruce Lees Jeet Kune Do**
(**0440**-0) Von B. Lee, 192 S., mit 105 eigenhändigen Zeichnungen von B. Lee, kartoniert. ●●

**Shaolin-Kempo – Kung-Fu**
Chinesisches Karate im Drachenstil.
(**0395**-1) Von R. Czerni, K. Konrad, 246 S., 723 Abb., kart. ●●

**Kickboxen**
Fitneßtraining und Wettkampfsport.
(**0795**-7) Von G. Lemmens, 96 S., 208 s/w-Fotos, 23 Zeichnungen, kart. ●●

**Ninja 1**
Die Lehre der Schattenkämpfer.
(**0758**-2) Von S. K. Hayes, übers. von J. Schmit, 144 S., 137 s/w-Fotos, kartoniert. ●●

**Ninja 2**
Die Wege zum Shoshin.
(**0763**-9) Von S. K. Hayes, übers. von J. Schmit, 160 S., 309 s/w-Fotos, 2 Zeichnungen, kartoniert. ●●

**Ninja 3**
Der Pfad des Togakure-Kämpfers.
(**0764**-7) Von S. K. Hayes, übers. von J. Schmit, 144 S., 197 s/w-Fotos, 2 Zeichnungen, kartoniert. ●●

**Ninja 4**
Das Vermächtnis der Schattenkämpfer.
(**0807**-4) Von S. K. Hayes, übers. von J. Schmit, 196 S., 466 s/w-Fotos, kart. ●●

**Taekwondo perfekt 1**
Die Formenschule bis zum Blaugurt.
(**0890**-2) Von K. Gil, Kim Chul-Hwan, 176 S., 439 s/w-Fotos, 107 Zeichnungen, kart. ●●

**Taekwondo perfekt 2**
Die Formenschule vom Blau- bis zum Schwarzgurt.
(**0976**-3) Von K. Gil, K. Chul-Hwan, 192 S., 461 s/w-Fotos, 112 Zeichnungen, kart. ●●

**Taekwondo perfekt 3**
(**1068**-0) Von K. Gil, K. Chul-Hwan, 200 S., 429 s/w-Fotos, kartoniert. ●●●

**Taekwondo perfekt 4**
(**1250**-0) Von K. Gil, 160 S., zahlreiche s/w-Fotos und Schrittdiagramme, 17 Übungstafeln zum Herausnehmen, kart. ●●●

**Ju-Jutsu 1**
Grundtechniken · Moderne Selbstverteidigung.
(**0276**-9) Von W. Heim, F. J. Gresch, 164 S., 450 s/w-Fotos, 8 Zeichn., kartoniert. ●

**Ju-Jutsu 2**
für Fortgeschrittene und Meister.
(**0378**-1) Von W. Heim, F. J. Gresch, 160 S., 798 s/w-Fotos, kartoniert. ●●

**Ju-Jutsu 3**
Spezial-, Gegen- und Weiterführungs-Techniken · Stockkampfkunst.
(**0485**-0) Von W. Heim, F. J. Gresch, 200 S., über 600 s/w-Fotos, kartoniert. ●●

**Aikido**
Lehren und Techniken des harmonischen Weges.
(**0537**-7) Von R. Brand, 280 S., 697 Abb., kartoniert. ●●

**Hap Ki Do**
Koreanische Selbstverteidigung nach dem Lehrsystem des Großmeisters.
(**0379**-X) Von Kim Sou Bong, 112 S., 152 Abb., kartoniert. ●●

**Dynamische Tritte**
Grundlagen für den Zweikampf.
(**0438**-9) Von C. Lee, 96 S., 398 s/w-Fotos, 10 Zeichnungen, kart. ●●

**Super-Tritte**
(**1248**-9) Von W. Wallace, 136 S., kart. ●●

**Selbstverteidigung**
Abwehrtechniken für Sie und Ihn.
(**0853**-8) Von E. Deser, 96 S., 259 s/w-Fotos, kartoniert. ●

Die Faszination athletischer Körper
**Bodybuilding**
mit Weltmeister Ralf Möller.
(**4281**-7) Von R. Möller, 128 S., 169 Farbfotos, 14 s/w-Fotos, 1 Farbzeichnung, Pappband. ●●●●

**Ladyfitneß**
Das neue Körperbewußtsein der Frau
Bodyshaping · Körperpflege · Ernährung · Entspannung
(**4433**-X) Von Prof. Dr. S. Starischka, B. Grabis, D. von Cramm, G. W. Kienitz, 128 S., 227 Farbfotos, Pappband. ●●●●

**Bodybuilding für Frauen**
Wege zu Ihrer Idealfigur
(**0661**-6) Von H. Schulz, 112 S., 84 s/w-Fotos, 4 Zeichnungen, kart. ●

**Bodybuilding**
Anleitung zum Muskel- und Konditionstraining für sie und ihn
(**0604**-7) Von R. Smolana, 160 S., 171 s/w-Fotos, kartoniert.●●

**Bodybuilding**
(**2314**-6) Von L. Spitz, 112 S., 203 Farbabbildungen, 10 Tabellen. ●●

**Leistungsfähiger durch Krafttraining**
Eine Anleitung für Fitness-Sportler, Trainer und Athleten.
(**0617**-9) Von W. Kieser, 96 S., 20 s/w-Fotos, 62 Zeichnungen, kart. ●

**Krafttraining**
Wirbelsäulengerechte Übungen an und mit Geräten
(**1309**-4) Von A. Balk, 48 S., 8 Bildtafeln, Spiralbindung. ●●●

**Muskeltraining mit Hanteln**
Leistungssteigerung für Sport und Fitneß
(**0676**-4) Von H. Schulz, 104 S., 92 s/w-Fotos, 2 Zeichnungen, kartoniert.●

**Ausdauertraining**
Einführung und Grundtechniken
(**1396**-5) Von G. Eyting, 32 S., 41 Farbfotos, 21 Farbzeichn., kartoniert. ●●●

**Hanteltraining zu Hause**
(**0800**-7) Von W. Kieser, 80 S., 71 s/w-Fotos, 4 Zeichnungen, kartoniert. ●

**Fit und gesund**
Fitneßtraining und Bodybuilding zu Hause.
Trainingsprogramme für Ihr Wohlbefinden.
(**0782**-5) Von Prof. Dr. S. Starischka, 80 S., 100 Farbfotos, 3 Zeichnungen, kart. ●●

**Optimale Ernährung**
für Krafttraining und Bodybuilding.
(**0912**-7) Von B. Dahmen, 88 S., 8 Farbtafeln, 8 Zeichnungen, kart. ●●

**Erfolgstraining**
Mentale und körperliche Vorbereitung sportlicher Höchstleistungen
(**1162**-8) Von M. Regner, 128 S., 65 s/w-Fotos und Zeichnungen, kartoniert. ●●●

**Aufwärmen**
Übungen und Programme für Sport und Spiel
(**1311**-6) Von Dr. H. Wolff, 40 S., 8 Bildtafeln, Spiralbindung. ●●●

**Fitneßtraining**
Empfohlen vom Deutschen Sportbund
(**1245**-4) Von Marianne Schreiber, 32 S., Spiralbindung mit Ausklapptafeln. ●●

**Wirbelsäulengymnastik**
Empfohlen vom Deutschen Sportbund
(**1246**-2) Von L. Keller, 40 S., Spiralbindung mit Ausklapptafeln. ●●

**Stretching**
Empfohlen vom Deutschen Sportbund
(**1247**-0) Von A. Balk, 40 S., Spiralbindung mit Ausklapptafeln. ●●

Gesund und fit durch **Konditionstraining und Wirbelsäulengymnastik**
(**0844**-9) Von R. Milser und K. Grafe, 104 S., 99 Farbfotos, 12 Farbzeichnungen, 5 s/w-Zeichnungen, kart. ●●

**Isometrisches Training**
Übungen für Muskelkraft und Entspannung.
(**0529**-6) Von L. M. Kirsch, 104 S., 150 s/w-Fotos, kartoniert. ●●

**Stretching**
Mit Dehnungsgymnastik zu Entspannung, Geschmeidigkeit und Wohlbefinden.
(**0717**-5) Von H. Schulz, 80 S., 90 s/w-Fotos, kartoniert. ●

**Stretching**
(**2304**-9) Von B. Kurz, 96 S., 255 Farbfotos, kartoniert. ●●

**Gesund und fit durch Gymnastik**
(**0366**-8) Von H. Pilss-Samek, 88 S., 130 Abb., kartoniert. ●

**Funktionelles Körpertraining**
Grundlagen und Bewegungsprogramme
(**1367**-1) Von A. Balk, 40 S., 100 Farbfotos, kartoniert. ●●●

**Spielerisch zur Kondition**
Über 100 Trainingsspiele zur Verbesserung von Ausdauer, Schnelligkeit, Kraft und Beweglichkeit
(**1214**-4) Von U. Stumpp, 120 S., 30 Grafiken, kartoniert. ●●●

AOK-Videothek
**Top-Form Gymnastik**
Ein Bewegungsprogramm für pfundige Leute
(**6144**-7) VHS, ca. 30 Min., in Farbe.●●●●*

**Fit und frisch**
Gymnastik für die ganze Familie
(**6501**-9) Von G. Sieber, 104 S., 306 Farbfotos, 5 Farbzeichnungen, kart., mit Audiokassette, Laufzeit 30 Min. ●●●

**Sportjahr 93**
Rekorde · Siege · Schicksale · Ergebnisse
Mit Sonderteil Leichtathletik-WM (**4690**-1)
Ca. 176 S., zahlr. Farbabb., Pappband. ●●●

**Freeclimbing**
Technik und Training
(**1251**-9) Von T. Strobl, 144 S., durchgehend vierfarbig, kart. ●●●

**Skateboard**
Material · Technik · Fahrpraxis
(**1104**-0) Von F. Böhm, M. Rieger, 96 S., 321 Farbabbildungen, kartoniert. ●●●

**Fechten**
Florett · Degen · Säbel.
(**0449**-4) Von E. Beck, 88 S., 185 Fotos, 10 Zeichnungen, kartoniert. ●●

**SportRegeln Volleyball**
(**1368**-X) 88 S., 5 Farbtafeln, 19 s/w-Fotos, kartoniert. ●●

**Fußball**
(**2309**-X) Von H. Obermann, P. Walz, 112 S., 47 Farbfotos, 18 Farb- und 25 s/w-Zeichnungen, kart. ●●

**Sepp Maier**
**Super-Torwart-Training**
(**4451**-8) Von S. Maier, 168 S., 30 Farb- und 34 s/w-Fotos, 236 zweifarbige Zeichnungen, Pappband. ●●●

**SportRegeln**
**American Football**
(**1165**-2) 136 S., 18 s/w-Fotos, kartoniert.●

**Handball**
Technik · Taktik · Regeln.
(**0426**-5) Von F. und P. Hattig, 128 S., 91 s/w-Fotos, 121 Zeichnungen, kart. ●●

**Handball**
Grundlagen für Training und Spiel
(**2321**-9) Von H.-P. Oppermann, 120 S., 39 Farbtafeln, 12 s/w-Fotos, 108 Farbzeichnungen, kartoniert. ●●

**SportRegeln Handball**
Die offiziellen Regeln
Wissenswertes von A bis Z
(**1099**-6) 88 S., 32 s/w-Fotos, 14 Zeichnungen, kartoniert. ●

**SportRegeln Rugby**
Die offiziellen Regeln
Wissenswertes von A bis Z
(**1216**-0) 96 S., zahlr. zweifbg. Abb., kart. ●

**Tennis**
Technik · Taktik · Regeln.
(**0375**-7) Von W. u. S. Taferner, 112 S., 81 Abb., kartoniert. ●

**SportRegeln Tennis**
Die offiziellen Regeln
Wissenswertes von A bis Z
(**1097**-4) 88 S., 24 s/w-Fotos, 6 Zeichnungen, kartoniert. ●

**Tischtennis-Technik**
Der individuelle Weg zu erfolgreichem Spiel.
(**0775**-2) Von M. Perger, 144 S., 296 Abb., kartoniert. ●●

**SportRegeln Tischtennis**
Die offiziellen Regeln
Wissenswertes von A bis Z (**1252**-7) 96 S., zahlreiche zweifarbige Abb., kart. ●

**Badminton**
Technik · Taktik · Training.
(**0699**-3) Von K. Fuchs, L. Sologub, 168 S., 51 Abbildungen, kartoniert. ●●

**SportRegeln**
**Badminton**
(**1101**-6) 84 S., kartoniert.●

**Squash**
(**2311**-1) Von P. Langhammer, R. Michna, 96 S., 86 Farbfotos, 13 Farbzeichn., kart. ●●

**Squash**
Ausrüstung · Technik · Regeln
(**0539**-3) Von D. von Horn, H.-D. Stünitz, 96 S., 55 s/w-Fotos, 25 Zeichnungen, kart. ●

**SportRegeln Squash**
Die offiziellen Regeln
Wissenswertes von A bis Z
(**1100**-8) 64 S., 11 s/w-Fotos, 23 Zeichnungen, kartoniert. ●

**Golf**
Neue Wege zum erfolgreichen Spiel
(**4509**-3) Von O. Heuler, ca. 144 S., zahlr. Farbabb., Pappband. ●●●●

**SportRegeln Golf**
(**1315**-9) 96 S., 19 s/w-Fotos, kartoniert. ●

**Golf**
Ausrüstung und Technik.
(**0343**-9) Von J. C. Jessop, 96 S., 57 Abb., Anhang Golfregeln des DGV, kart. ●

**Eishockey**
Lauf- und Stocktechnik, Körperspiel, Taktik, Ausrüstung und Regeln.
(**0414**-1) Von J. Capla, 264 S., 548 s/w-Fotos, 163 Zeichnungen, kart. ●●●

**SportRegeln**
**Eishockey**
(**1098**-2) 116 S., kartoniert.●

**Billard**
Grundstöße · Viertelbillard und Freie Partie
(**1313**-2) Von Dr. H. Stingel, 112 S., 196 Zeichn., kart., ●●●

Grundlagen für Training und Spiel
**Pool-Billard**
(**2318**-9) Von B. Pejcic, R. Meyer, 96 S., durchgehend vierfarbig, kart. ●●

**Pool-Billard**
(**0484**-2) Herausgegeben vom Deutschen Pool-Billard-Bund. Von M.Bach, K.-W. Kühn, 104 S., 64 Abb., kart. ●

FALKEN Video
**Reiten**
Von der ersten Stunde bis zum Ausritt
(**6097**-1) VHS, ca. 60 Min., in Farbe, mit Begleitheft.●●●●*

**Reiten**
(**2322**-7) Von T. Eckholt, 128 S., durchgehend vierfarbig, kart. ●●

**Tanzstunde**
Das Welttanzprogramm leicht gelernt
(**4409**-2) Von G. Hädrich, 164 S., 489 s/w-Fotos, 63 Zeichnungen, Pappband. ●●●

**Wir lernen Tanzen**
(**0200**-9) Von E. Fern, 152 S., 119 s/w-Fotos, 47 Zeichnungen, kartoniert. ●●

Anmutig und fit durch
**Bauchtanz**
(**0911**-9) Von Marta, 120 S., 229 Farbfotos, 6 s/w-Zeichnungen, kartoniert. ●●●

**Sporttauchen**
Theorie und Praxis des Gerätetauchens
(**0647**-0) Von S. Müßig, 144 S., 8 Farbtafeln, 35 s/w-Fotos, 89 Zeichnungen, kart. ●●

**Fit mit Sporttauchen**
(**2320**-0) Von Dr. F. Naglschmid, 112 S., 71 Farbfotos, 21 Zeichnungen, kart. ●●

**Angelfischerei von Aal bis Zander**
Fische · Geräte · Technik.
(**0324**-2) Von H. Oppel, 72 S., 16 Farbtafeln, 49 s/w-Abb., kartoniert. ●●

**Angeln**
Kleine Fibel für den Sportfischer.
(**0198**-3) Von E. Bondick, 80 S., 4 Farbtafeln, 116 Abbildungen, kartoniert. ●

**Fit mit Surfen**
(**2317**-3) Von H. Mönster, K.-H. Eden, B. Bohr, 104 S., 110 Farbfotos, 23 s/w-Zeichnungen, kartoniert. ●●

**Skifitneß**
Konditionstraining und Skigymnastik für Piste und Loipe
(**1418**-X) Von G. Stangassinger, ca. 40 S., ca. 8 Bildtafeln, kartoniert. ●●●

**Snowboarding**
Ausrüstung · Fahrtechnik · Wettkämpfe
**Videokassette** (**6139**-0) VHS, ca. 45 Min., in Farbe. ●●●●*

**Fibel für Kegelfreunde**
Sport- und Freizeitkegeln · Bowling
(**0191**-6) Von G. Bocsai, 72 S., 62 Abb., kart. ●

**111spannende Kegelspiele**
(**2031**-7) Von H. Regulski, 80 S., 53 Zeichnungen, kartoniert. ●

Beliebte und neue
**Kegelspiele**
(**0271**-8) Von H. Regulski, 92 S., 62 Abbildungen, kartoniert. ●

## Mensch und Gesundheit

Der moderne Ratgeber
**Wir werden Eltern**
Schwangerschaft · Geburt · Erziehung des Kleinkindes.
(**4269**-8) Von B. Nees-Delaval, 376 S., 335 2-farbige Abb., Pappband. ●●●●

**Ich freue mich auf mein Baby**
Ratgeber und Tagebuch für die Schwangerschaft
(**4711**-8) Von E. Portz-Schmitt, 184 S., 18 Farbfotos, 72 Farbzeichn., Pappband. ●●●●

**Ich bekomme ein Baby**
Wegweiser für Schwangerschaft und Geburt
(**1254**-3) Von B. Nees-Delaval, 144 S., durchgehend zweifarbig, kart. ●●

**Wenn der Mensch zum Vater wird**
Ein heiter-besinnlicher Ratgeber
(**4259**-0) Von D. Zimmer, 160 S., 20 Zeichnungen, Pappband. ●●●

AOK Bibliothek
**Schwangerschaftsgymnastik und Geburtsvorbereitung**
(**1423**-6) Von L. Keller, ca. 112 S., zahlr. Farbabb., kartoniert. ●●●

Vorbereitung auf die Geburt und
**Schwangerschaftsgymnastik**
Atmung, Rückbildungsgymnastik,
(**0251**-3) Von S. Buchholz, 112 S., 98 s/w-Fotos, kartoniert. ●

**Die Kunst des Stillens**
nach neuesten Erkenntnissen (**0701**-9) Von Prof. Dr. med. E. Schmidt, S. Brunn, 112 S., 20 Fotos und Zeichnungen, kart. ●

**Das Babybuch**
Pflege · Ernährung · Entwicklung
(**0531**-8) Von A. Burkert, 96 S., 76 zweifbg. Zeichnungen, 22 s/w-Zeichnungen, kart. ●●

**Babyfitneß**
Massage, Spiele, Gymnastik und Schwimmen für Kinder im 1. Lebensjahr
(**1034**-6) Von G. Zeiß, 112 S., 179 zweifarbige Illustrationen, , kartoniert. ●●

**Wenn Kinder krank werden**
Medizinischer Ratgeber für Eltern
(**4240**-X) Von B. Nees-Delaval, 232 S., 163 Zeichnungen, Pappband. ●●●

**Keinen Mann um jeden Preis**
Das neue Selbstverständnis der Frau in der Partnerbeziehung
(**4440**-2) Von Shere Hite, Kate Colleran, 208 S., Pappband. ●●●

**Total verknallt ... und keine Ahnung?**
Alles über Liebe, Sex und Zärtlichkeit
(**1024**-9) Von H. Bruckner, R. Rathgeber, 104 S., 38 Abbildungen, kartoniert. ●●

Streicheleinheiten für Körper und Seele
**Partnermassage**
(**4444**-5) Von Chr. Unseld-Baumanns, 136 S., 145 Farbfotos, Pappband. ●●●●

freundin Ratgeber
**Glück braucht Mut**
Die Psycho-Logik des Jens Corssen
(**1176**-8) Von J. Corssen, B. Schmidt, 160 S., kartoniert. ●●

**Angst und Panik**
Ursachen · Symptome · Therapie
(**1422**-8) Von Prof. Dr. H.-R. Lückert, ca. 160 S., zahlr. Abb., kartoniert. ●●●

**Wörterbuch der Medizin**
(**4535**-2) 400 S., 229 Farbf., Pappband. ●●●●

**Bildatlas des menschlichen Körpers**
(**4177**-2) Von G. Pogliani, V. Vannini, 112 S., 402 Farbabb., 28 s/w-Fotos, Pappband. ●●●●

**Nahrungsmittelallergien**
So ernähren Sie sich richtig!
(**0913**-5) Von Priv.-Doz. Dr. med. Dr. med. habil. J. von Mayenburg, Prof. Dr. med. Dr. phil. S. Borelli, E. Polster, 136 S., kart. ●●

**Neurodermitis**
Ursachen · Ganzheitliche Behandlung · Selbsthilfe
(**1218**-7) Von Prof. Dr. med. Dr. phil. S. Borelli, 144 S., kartoniert.●●

**Bluthochdruck**
Risikofaktoren · Vorbeugung · Behandlung
(**1125**-3) Von Prof. Dr. med. D. Klaus, R. Unsorg, G. Leibold, 152 S., 25 Farbfotos, 22 Farbzeichnungen, kartoniert.●●●

**Arteriosklerose**
Risikofaktoren/Vorbeugung/Therapie
Richtige Ernährung bei erhöhtem Cholesterinspiegel.
(**1020**-6) Von Prof. Dr. med. G. Assmann, Dr. troph. U. Wahrburg, 192 S., 84 farb. Abb., 4 s/w-Zeichnungen, kartoniert. ●●●

**Asthma**
Pseudokrupp, Bronchitis und Lungenemphysem
Krankheitsbilder · Diagnose · Therapie
(**1126**-1) Von Prof. Dr. med. W. Schmidt, S. Ertelt, 152 Seiten, 110 zweifarbige Zeichnungen, kartoniert. ●●●

**Risiko Herzinfarkt**
Empfohlen von der Deutschen Herzstiftung
(**1217**-9) Von C. Halhuber, M. J. Halhuber, 152 S., 38 Farb- und 8 s/w-Zeichnungen, kartoniert.●●●

**So arbeitet das Immunsystem**
Funktionsweise · Störungen · Natürliche Stärkung
(**1253**-5) Von V. Friebel, J. Ledvina, A. Roßmeier, 168 S., 18 Farbtafeln, 38 zweifbg. Zeichnungen, kartoniert.●●●

**Diabetes**
Krankheitsbild, Therapie, Kontrollen, Schwangerschaft, Sport, Urlaub, Alltagsprobleme. Neueste Erkenntnisse der Diabetesforschung. (**0895**-3) Von Dr. med. H. J. Krönke, 120 S., 4 Farbtafeln, 14 s/w-Fotos, 13 s/w-Zeichnungen, kartoniert. ●

**Naturkosmetik**
Die Grundlagen gesunder und natürlicher Hautpflege.
(**1080**-X) Von N. E. Haas, 120 S., 63 Farbabb., kartoniert. ●●

Die sanfte Art des Heilens
**Homöopathie**
Praktische Anwendung und Arzneimittellehre
(**4418**-X) Von J. H. P. Kreuter, 216 S., 49 Zeichnungen, Pappband. ●●●

**Aromatherapie**
Gesundheit und Entspannung durch ätherische Öle.
(**1131**-8) Von K. Schutt, 96 S., 40 zweifarbige Abbildungen, kartoniert. ●●

**Heilatmen**
Ein Weg zu Lebenskraft und innerer Harmonie
(**1047**-8) Von K. Schutt, 112 S., 57 zweifarbige Abb., kartoniert. ●●

Bewährte Naturheilverfahren bei
**Herz-Kreislauf-Erkrankungen**
(**1084**-2) Von Dr. med. O. Wolff, G. Leibold, 104 S., kartoniert. ●

**Risiko Herzinfarkt**
(**1217**-9) Von Dr. C. Halhuber, Prof. Dr. M. J. Halhuber, 160 S., durchgehend zweifarbig, kart. ●●●

**Krebsangst und Krebs behandeln**
Mit einem Vorwort von Prof. Dr. med. Friedrich Douwes.
(**0839**-2) Von G. Leibold, 104 S., kartoniert. ●

Bewährte Naturheilverfahren bei
**Krebs**
(**1082**-6) Hrsg. H.-R. Heiligtag, 88 S., kartoniert. ●

**Heilen mit Blütenenergien**
nach Dr. Bach
(**1141**-5) Von J. Wenzel, ca. 96 S., kartoniert. ●

Bewährte Naturheilverfahren bei
**Migräne und Schlafstörungen**
(**1081**-8) Von G. Leibold, Dr. med. H. Chr. Scheiner, 112 S., kartoniert. ●

**Gesunder Schlaf**
Schlafstörungen ohne Medikamente erfolgreich behandeln.
(**1036**-2) Von D. H. Alke, 88 S., 22 s/w-Abb., mit Audiokassette, kartoniert. ●●●

Natürliche Behandlungsmethoden bei
**Rückenschmerzen**
Massage · Gymnastik · Entspannung
(**4447**-X) Von Prof. Dr. med. H. Hess, K. Eder, H.-J. Montag, K. Schutt, 152 S., 168 Farbabbildungen, Pappband. ●●●

**TELE-Rückenschule**
Wohlbefinden durch bewußte Körpererfahrung
(**1310**-8) Von K. Haak, 64 S., 19 Farb-, 24 s/w-Fotos, 24 Zeichn., 2 Ausklapptafeln, mit Audiokassette, kart. ●●●●

**TELE-Rückenschule**
Wohlbefinden durch bewußte Körpererfahrung
**Videokassette** (**6108**-0) VHS, ca. 60 Min., in Farbe, mit Broschüre. ●●●●*

**Rheuma behandeln und lindern**
Mit einem Vorwort von Dr. med. Max-Otto Bruker.
(**0836**-8) Von G. Leibold, 96 S., kartoniert. ●

**Besser sehen durch Augentraining**
Ein Gesundheitsprogramm zur Verbesserung des Sehvermögens.
(**0914**-3) Von K. Schutt, B. Rumpler, 96 S., 32 s/w-Zeichnungen, kartoniert. ●●

So arbeitet das
**Immunsystem**
(**1253**-5) Von V. Friebel, I. Ledvina, A. Roßmeier, 192 S., durchgehend zweifarbig, kartoniert. ●●●

**Allergien behandeln und lindern**
Mit einem Vorwort von Prof. Dr. med. Axel Stemmann.
(**0840**-6) Von G. Leibold, 96 S., 4 Zeichnungen, kartoniert. ●

**Enzyme**
Vitalstoffe für die Gesundheit
(**0677**-2) Von G. Leibold, 96 S., kartoniert. ●

**Besser leben durch Fasten**
(**0841**-4) Von G. Leibold, 96 S., kartoniert. ●

**Die echte Schroth-Kur**
(**0797**-3) Von Dr. med. R. Schroth, 88 S., 2 s/w-Fotos, kartoniert. ●

Massagetechniken und Heilanzeigen
**Reflexzonentherapie**
(**4404**-6) Von G. Leibold, 128 S., 53 Farbzeichnungen, Pappband. ●●●

**Akupressur** zur Eigenbehandlung
(**0417**-6) Von G. Leibold, 112 S., 78 Abb., kartoniert.●

**Shiatsu-Massage**
Harmonisierung der Energieströme im Körper
(**0615**-2) Von G. Leibold, 196 S., 180 Abb., kartoniert. ●●●

**Fußsohlenmassage**
Heilanzeigen · Technik · Selbsthilfe
(**0714**-0) Von G. Leibold, 96 S., 38 Zeichnungen, kartoniert. ●

Entspannung und Schmerzlinderung durch
**Massage**
(**0750**-7) Von B. Rumpler, K. Schutt, 112 S., 116 zweifarbige Zeichnungen, kart. ●

Gesundheit und Entspannung durch
**Massage**
(**1317**-5) Von K. Schutt, 168 S., 126 Farbf., 61 Farbzeichn., kart. ●●●

**Entspannung**
(**0834**-1) Von Dr. Med. Chr. Schenk, 88 S., 29 Zeichnungen, kart. ●

**Autogenes Training**
Ein Programm zur Streßbewältigung
(**1278**-0) Von Dr. P. Kruse, B. Pavlekovic, K. Haak, 112 S., durchgehend zweifarbig, kart. ●●●

Erfolg und Lebensfreude durch
**Autogenes Training und Psychokybernetik**
(**1035**-4) Von D. H. Alke, 80 S., 2 s/w-Zeichnungen, mit Audiokassette, kartoniert. ●●●

Chinesisches Schattenboxen
**Tai-Ji-Quan**
für geistige und körperliche Harmonie
(**0850**-3) Von F.T. Lie, 120 S., 221 s/w-Fotos, 9 s/w-Zeichnungen, Beilage: 1 s/w-Poster mit zahlreichen Abbildungen, kart. ●●

**Yoga für jeden**
(**1277**-2) Von K. Zebroff, 144 S., Spiralbindung, durchgehend vierfarbig, kart. ●●●

**Yoga**
Weg zur Harmonie
(**4417**-8) Von A. Harf, W. von Rohr, 176 S., 171 Farbfotos, 12 s/w-Zeichnungen, Pappband. ●●●●

**Yoga gegen Haltungsschäden und Rückenschmerzen**
(**0394**-3) Von A. Raab, 104 S., 215 Abb., kartoniert. ●

AOK-Bibliothek
**Radwandern**
für die Gesundheit
(**1369**-8) Von S. Kälberer, J.–U. Knoll, 128 S., 126 Farbfotos, kartoniert. ●●●

AOK-Bilbliothek
**Osteoporose**
Vorbeugen · Diagnose · Behandlung
(**1371**-X) Von A. Baumgarten, 96 S., 74 Farbfotos, 17 Farbzeichn., kartoniert. ●●●

AOK-Bibliothek
**Erkältungskrankheiten**
Vorbeugung und Behandlung
(**1372**-8) Von G. Leibold, 112 S., 74 Farbfotos, 7 Farbzeichn., kartoniert. ●●●

AOK-Bibliothek
**Krankenpflege zu Hause**
Anleitungen, Tips und Informationen
(**1373**-6) Von S. Hof, 104 S., 68 Farbfotos, 32 Farbzeichn., kartoniert. ●●●

**PfundsKur Kochbuch**
(**4726**-6) Von F. Metzler, 112 S., 81 Farbf., Pappband. ●●●

Fit ohne Fett
**Die neue PfundsKur**
(**1370**-1) Von Prof. Dr. V. Pudel, 128 S., kartoniert. ●

Die aktuelle
**Ballaststofftabelle**
(**1288**-8) Von Dr. H. Oberritter, 80 S., kart. ●

Neue Rezepte für **Diabetiker-Diät**
Vollwertig · abwechslungsreich · kalorienarm
(**0418**-4) Von M. Oehlrich, 96 S., 8 Farbtafeln, kartoniert. ●

**Diät bei Herzkrankheiten und Bluthochdruck**
Rezeptteil von B. Zöllner
(**3202**-1) Von Prof. Dr. med. H. Rottka, 92 S., 4 Farbtafeln, kartoniert. ●●

**Diät bei Erkrankungen der Nieren, Harnwege und bei Dialysebehandlung**
Rezeptteil von B. Zöllner.
(**3203**-X) Von Prof. Dr. med. Dr. h. c. H. J. Sarre und Prof. Dr. med. R. Kluthe, 96 S., 33 Farbfotos, 1 s/w-Zeichnung, kartoniert. ●●

**Diät bei Darmkrankheiten**
Durchfall · Divertikulose, Reizdarm und Darmträgheit · einheimische Sprue (Zöllakie) · Disaccharidasemangel · Dünndarmresektion · Dumping Syndrom, Rezeptteil von B. Zöllner.
(**3211**-0) Von Prof. Dr. med. G. Strohmeyer, 88 S., 4 Farbtafeln, kartoniert. ●●

**Diät bei Gicht und Harnsäuresteinen**
Rezeptteil von B. Zöllner.
(**3205**-6) Von Prof. Dr. med. N. Zöllner, 112 S., 35 Farbtafeln, kartoniert. ●●

**Diät bei Zuckerkrankheit**
Rezeptteil von B. Zöllner (**3206**-4) Von Prof. Dr. med. P. Dieterle, 112 S., 42 Farbfotos, 4 vierfarbige Vignetten, 1 s/w-Zeichnung, kartoniert. ●●

**Diät bei Störungen des Fettstoffwechsels und zur Vorbeugung der Arteriosklerose**
Rezeptteil von B. Zöllner.
(**3208**-0) Von Prof. Dr. med. G. Wolfram, 102 S., 32 Farbfotos, kartoniert. ●●

**Ballaststoffreiche Kost bei Funktionsstörungen des Darms**
Rezeptteil von B. Zöllner.
(**3212**-9) Von Prof. Dr. med. H. Kasper, 96 S., 34 Farbfotos, 1 s/w-Foto, kart. ●●

**Diät bei Krankheiten des Magens und Zwölffingerdarms**
Rezeptteil von B. Zöllner
(**3201**-3) Von Prof. Dr. med. H. Kaess, 96 S., 35 Farbfotos, 1 s/w-Zeichnung, kart. ●●

**Diät bei Krankheiten der Gallenblase, Leber und Bauchspeicheldrüse**
Rezeptteil von B. Zöllner.
(**3207**-2) Von Prof. Dr. med. H. Kasper, 88 S., 35 Farbfotos, 1 s/w-Zeichnung, , kart. ●●

# Computerbücher

Das neue FALKEN
**Computerlexikon**
(**4356**-2) Von Dr. B. Kopp, 336 S., 121 s/w-Fotos, 184 Computergrafiken, Pappband. ●●●●

**Computer-Grundwissen**
Eine Einführung in Funktion und Einsatzmöglichkeiten
(**4359**-7) Von Chr. T. Wolff, 176 S., 182 Farbfotos, kartoniert.●●●●
(**4358**-9) Pappband.●●●●

**Der PC**
(**4732**-0) Von U. u. H. Freund, 336 S., 386 Farbfotos, Pappband. ●●●●●

freundin
**Das Computerbuch für Frauen**
(**4372**-4) Von M. Thiel, 176 S., 102 Farbfotos, 73 Zeichnungen, Pappband. ●●●●

**Desktop Publishing: Typografie und Layout** Seiten gestalten am PC · für Einsteiger und Profis (**4330**-9) Von Dr. H. D. Baumann, M. Klein, 320 S., zahlreiche zweifarbige Abb., Pappband. ●●●●●

PC HELP!
**Wissenschaftliche Texte mit Word 5.5**
(**4360**-0) Von P. Vogel, ca. 96 S., durchgehend zweifarbig, kartoniert. ●●

PC HELP!
**Praktische Computernutzung mit Works 2.0**
(**4369**-4) Von A. Görgens, ca. 96 S., durchgehend zweifarbig, kartoniert. ●●

PC HELP!
**DFÜ mit dem PC**
(**4370**-8) Von M. Hofmann, ca. 96 S., durchgehend zweifarbig, kart. ●●

PC HELP!
**Zeichnen mit dem PC**
(**4361**-9) Von M. Hofmann, ca. 96 S., durchgehend zweifarbig, kart. ●●

PC HELP!
**Präsentation mit dem PC**
(**4368**-6) Von M. Hofmann, 96 S., 47 zweifarbige screenshots, kart. ●●

PC HELP!
CONFIG. SYS. und AUTOEXEC. BAT
**Optimale Systemkonfiguration**
(**4338**-4) Von A. Görgens, 64 S., ca. 50 s/w-Abbildungen und Grafiken, kart. ●●

PC HELP!
**DOS-Kommandos richtig nutzen**
(**4339**-2) Von A. Görgens, 64 S., ca. 50 s/w-Abbildungen und Grafiken, kart. ●●

PC HELP!
**Batch-Dateien – DOS-Abläufe selber festlegen**
(**4341**-4) Von A. Görgens, 64 S., ca. 50 s/w-Abbildungen und Grafiken, kart. ●●

PC HELP!
**Die ersten Schritte mit dem PC**
(**4344**-9) Von P. Vogel, H. Ebsen, 64 S., ca. 50 s/w-Abbildungen und Grafiken, kartoniert. ●●

PC HELP!
**Mehr Speicher unter DOS nutzen**
(**4345**-7) Von K. O. Kuhl, 64 S., ca. 50 s/w-Abbildungen und Grafiken, kart. ●●

PC HELP!
**Viren erkennen und beseitigen**
(**4346**-5) Von M. Hofmann, 64 S., ca. 50 s/w-Abbildungen und Grafiken, kart. ●●

**DTP-Lexikon für die Praxis**
(**4373**-2) Ca. 96 S., durchgehend zweifarbig, kart. ●●●

**Gestalten mit Pagemaker für Windows**
(**4375**-9) Von M. Hofmann, R. Titius, 116 S., 53 zweifbg. screenshots, kart. ●●

**Präsentationsprogramme richtig nutzen**
(**4376**-7) Von M. Hofmann, 96 S., 60 zweifarbige screenshots, kartoniert. ●●

**Datenaustausch 1**
(**4378**-3) Von M. Hofmann, 104 S., 63 zweifbg. screenshots, kartoniert. ●●

**Datenaustausch 2**
(**4379**-1) Von M. Hofmann, 96 S., 34 zweifarbige screenshots, kart. ●●

**WordPerfect 6.0 für Windows**
(**4380**-5) Von U. Freund, ca. 96 S., kartoniert. ●●

**Update**
**MS-DOS 6.0**
Beilage: Kurzreferenz
(**4385**-6) Von M. Hofmann, ca. 96 S., kartoniert. ●●●

**PC-Pannen selbst beheben**
Hardware · Software
(**4383**-X) Von M. Hofmann, 144 S., kart. ●●

**Windows für Workgroups**
(**4381**-3) Von P. Vogel, 80 S., 40 Screenshots, kartoniert. ●●

# Software

FALKEN Software
**Maschinenschreiben und Tastaturtraining für Comuter**
(**7009**-8) Von B. Hoppius, Diskette 5 1/4″ u. 3 1/2″ für IBM-PC + Kompatible, mit Begleitheft. ●●●●●*

FALKEN Software
**Musterkorrespondenz in Deutsch, Englisch, Französisch, Italienisch, Spanisch**
(**7041**-1) Diskette 5 1/4″ für IBM-PC + Kompatible, mit Begleitbroschüre. ●●●●*
(**7051**-9) Diskette 3 1/2″ für IBM-PC + Kompatible, mit Begleitbroschüre. ●●●●*

FALKEN Software
**Vokabeltrainer Englisch**
Über 2000 Vokabeln und Redewendungen
(**7001**-2) Disk. für C 64/C 128 PC, mit Begleitheft. ●●●●*

FALKEN Software
**Take a Trip to Britain**
Spielend Englisch lernen mit dem Computer
(**7039**-X) Diskette 5 1/4″ für IBM-PC + Kompatible, mit Begleitheft. ●●●●●*

FALKEN Software
**The Grammar Master**
(**7002**-0) Diskette für C 64/C 128 PC, mit Begleitheft. ●●●●*
(**7030**-6) für IBM-PC + Kompatible, mit Begleitheft. ●●●●*
(**7032**-2) für Amiga, mit Begleitheft. ●●●●*

FALKEN Software
**From Coast to Coast**
Travelling through the USA
(**7061**-6) Diskette 3 1/2″ für IBM-PC + Kompatible, mit Begleitbroschüre. ●●●●●*

FALKEN Software
**Vokabeltrainer Französisch**
Über 2000 Vokabeln und Redewendungen frei erweiterbar.
(**7019**-5) Disk. für IBM-PC + Kompatible, mit Begleitheft. ●●●●●*

FALKEN Software
**Je finis, tu finis... maîtrisez la grammaire française**
Französische Grammatik lernen und beherrschen
(**7053**-5) Diskette 5 1/4″ für IBM-PC + Kompatible, mit Begleitbroschüre. ●●●●*
(**7069**-1) Diskette 3 1/2″ für IBM-PC + Kompatible, mit Begleitbroschüre. ●●●●*

FALKEN Software
**Le monde des affaires en français**
Wirtschaftsfranzösisch leicht gelernt
(**7054**-3) Diskette 5 1/4″ für IBM-PC + Kompatible, mit Begleitbroschüre. ●●●●●*
(**7068**-3) Diskette 3 1/2″ für IBM-PC + Kompatible, mit Begleitbroschüre. ●●●●●*

FALKEN Software
**Vokabeltrainer Italienisch**
Über 2000 Vokabeln und Redewendungen frei erweiterbar
(**7065**-9) Diskette 5 1/4″ für IBM-PC + Kompatible, mit Begleitbroschüre. ●●●●*
(**7064**-0) Diskette 3 1/2″ für IBM-PC + Kompatible, mit Begleitbroschüre. ●●●●*

FALKEN Software
**Vokabeltrainer Latein**
Über 2000 Vokabeln und Redewendungen frei erweiterbar
(**7033**-0) Diskette für IBM-PC + Kompatible, mit Begleitbroschüre. ●●●●*

FALKEN Software
**Börsenfieber**
Spielend spekulieren mit Geld und Aktien
(**7016**-0) für IBM-PC + Kompatible, Diskette 5 1/4″, mit Begleitheft. ●●●●●*
(**7044**-6) für IBM-PC + Kompatible, Diskette 3 1/2″, mit Begleitheft. ●●●●●*

FALKEN Software
**Broker King**
Cash und crash an der Terminbörse
(**7058**-6) Diskette 3 1/2″ für IBM-PC + Kompatible, mit Begleitbroschüre. ●●●●●*

# Video

**Hobby Aquarellmalen**
Landschaft und Stilleben
(**6022**-X) VHS, 40 Min., in Farbe, mit Begleitheft. ●●●●*

**Hobby Ölmalerei**
Landschaft und Stilleben
(**6025**-4) VHS, 40 Min., in Farbe, mit Begleitheft. ●●●●*

**Basteln mit Kindern**
(**6041**-6) VHS, 60 Min., in Farbe, mit Vorlagen in Originalgröße, mit Begleitheft. ●●●*

**Die Modelleisenbahn**
Anlagenbau in Modultechnik
(**6028**-9) VHS, 30 Min., in Farbe. ●●●●*

**Golf**
(**6053**-X) VHS, 60 Min., in Farbe, mit Begleitheft. ●●●●●*

**Reiten**
(**6097**-1) VHS, ca. 60 Min., in Farbe, mit Begleitbroschüre. ●●●●*

**Skigymnastik perfekt**
(**6052**-1) VHS, ca. 60 Min., in Farbe, mit Begleitbroschüre. ●●●●●*

**Snowboarding**
(**6139**-0) VHS, ca. 45 Min., in Farbe, mit Broschüre.●●●●*

**Pflanzenjournal**
Blumen- und Pflanzenpflege im Jahreslauf
(**6036**-X) VHS, 30 Min., mit Begleitheft. ●●●●*

**Schnitt und Pflege**
von Bäumen und Sträuchern
(**6050**-5) VHS, 45 Min., in Farbe, mit Begleitheft. ●●●●*

Erfolgreiche Streßbewältigung
**Autogenes Training**
Video 1: Einführung und Kurs
Video 2: Übungen
(**6132**-3) VHS, jeweils ca. 60 Minuten, in Farbe. ●●●●●*

**Aktfotografie**
Gestaltung/Technik/Spezialeffekte
Interpretationen zu einem unerschöpflichen Thema
(**6001**-7) VHS, 60 Min., in Farbe, mit Begleitheft. ●●●●●*

**Videografieren**
Technik/Bildgestaltung/Schnitt/Vertonung, Filmen mit Video 8 (**6031**-6) VHS, 60 Min., in Farbe, mit Begleitheft. ●●●●●*

**Videografieren perfekt**
Profitricks für Aufnahmetechnik und Nachbearbeitung
(**6042**-4) VHS, (**6044**-4) Video 8, 60 Min., in Farbe, mit Begleitheft. ●●●●●*

**Top-Form Gymnastik**
Ein Bewegungsprogramm für pfundige Leute
(**6144**-7) VHS, ca. 30 Min., in Farbe. ●●●●*

Fitt ohne Fett
**PfundsKur Video**
(**6142**-0) VHS, ca. 40 Min., in Farbe.●●●●*

Streicheleinheiten für Körper und Seele
**Partnermassage**
(**6051**-3) VHS, 45 Min., in Farbe, mit Begleitheft. ●●●●●*

**Tele Partner Massage**
Zärtliche Entspannung zu zweit
(**6131**-5) VHS, ca. 60 Minuten, in Farbe. ●●●●*

**Sinnliche Stunden**
(**6099**-8) VHS, ca. 60 Min., in Farbe, mit Begleitbroschüre. ●●●●●*

**Nie wieder rauchen**
(**6100**-5) VHS, ca. 45 Min., in Farbe, mit Begleitbroschüre. ●●●●*

**New York**
(**6151**-X) VHS, ca. 60 Min., in Farbe. ●●●●*

**Kalifornien**
(**6152**-8) VHS, ca. 60 Min., in Farbe. ●●●●*

**USA Südwest**
(**6153**-6) VHS, ca. 60 Min., in Farbe. ●●●●*

**Florida**
(**6154**-4) VHS, ca. 60 Min., in Farbe. ●●●●*

**Hawaii**
(**6164**-1) VHS, ca. 60 Min., in Farbe. ●●●●*

**Irland**
(**6167**-6) VHS, ca. 60 Min., in Farbe. ●●●●*

**Norwegen**
(**6161**-7) VHS, ca. 60 Min., in Farbe. ●●●●*

**Kanarische Inseln**
(**6162**-5) VHS, ca. 60 Min., in Farbe. ●●●●*

**Mallorca**
(**6143**-9) VHS, ca. 60 Min., in Farbe. ●●●●*

**Toscana**
(**6148**-X) VHS, ca. 60 Min., in Farbe. ●●●●*

**Rom**
(**6145**-5) VHS, ca. 60 Min., in Farbe. ●●●●*

**Venedig**
(**6146**-3) VHS, ca. 60 Min., in Farbe. ●●●●*

**Florenz**
(**6147**-1) VHS, ca. 60 Min., in Farbe. ●●●●*

**Paris**
(**6157**-9) VHS, ca. 60 Min., in Farbe. ●●●●*

**Wien**
(**6158**-7) VHS, ca. 60 Min., in Farbe. ●●●●*

**London**
(**6159**-5) VHS, ca. 60 Min., in Farbe. ●●●●*

**Prag**
(**6165**-X) VHS, ca. 60 Min., in Farbe. ●●●●*

**Griechische Inseln**
(**6166**-8) VHS, ca. 60 Min., in Farbe. ●●●●*

**Kuba**
(**6150**-1) VHS, ca. 60 Min., in Farbe. ●●●●*

**Dominikanische Republik**
(**6163**-3) VHS, ca. 60 Min., in Farbe. ●●●●*

**Malediven**
(**6156**-0) VHS, ca. 60 Min., in Farbe. ●●●●*

**Bali**
(**6149**-8) VHS, ca. 60 Min., in Farbe. ●●●●*

**Thailand**
(**6155**-2) VHS, ca. 60 Min., in Farbe. ●●●●*

**Hongkong**
(**6160**-9) VHS, ca. 60 Min., in Farbe. ●●●●*

# Bestellschein

Erfüllungsort und Gerichtsstand für Vollkaufleute ist der jeweilige Sitz der Lieferfirma. Für alle übrigen Kunden gilt dieser Gerichtsstand für das Mahnverfahren. Falls durch besondere Umstände Preisänderungen notwendig werden, erfolgt Auftragserledigung zu dem bei der Lieferung gültigen Preis.

Ich bestelle hiermit aus dem Falken-Verlag GmbH, Postfach 1120, D-65521 Niedernhausen/Ts., durch die Buchhandlung:

______________________________

Ex. ______________________________

Ex. ______________________________

Ex. ______________________________

Ex. ______________________________

Name: ____________________ Datum: ____________________

Straße: ____________________

Ort: ____________________ Unterschrift: ____________________

Die hier vorgestellten Bücher, Videokassetten und Software sind in folgende Preisgruppen unterteilt:

● Preisgruppe bis DM 10,–/S 79,–/SFr 11,–
●● Preisgruppe über DM 10,– bis DM 20,– S 80,– bis S 160,– SFr 10,– bis SFr 21,–
●●● Preisgruppe über DM 20,– bis DM 30,– S 161,– bis S 240,– SFr 21,– bis SFr 30,–
●●●● Preisgruppe über DM 30,– bis DM 50,– S 241,– bis S 400,– SFr 30,– bis SFr 50,–
●●●●● Preisgruppe über DM 50,–/S 401,–/SFr 50,–
* (unverbindliche Preisempfehlung)

Die Preise entsprechen dem Status beim Druck dieses Verzeichnisses (s. Seite 1) – Änderungen, im besonderen der Preise, vorbehalten –

**Falken-Verlag GmbH · Postfach 1120** FALKEN **D-65521 Niedernhausen/Ts. · Tel.: 0 61 27 / 70 20**